Schriften des deutschen Vereins für Armenpflege und Wohlthätigkeit.

Dreiunddreißigstes Heft.

Felisch, Die Fürsorge für die schulentlassene Jugend.

Leipzig,
Verlag von Duncker & Humblot.
1897.

Die Fürsorge
für die
schulentlassene Jugend.

Bericht

erstattet im Auftrage des Vereins

von

Dr. Felisch,

Landgerichtsrat in Berlin.

Leipzig,

Verlag von Duncker & Humblot.

1897.

Alle Rechte vorbehalten.

Wer heut die Frage der Fürsorge für die schulentlassene Jugend öffentlich erörtert, ist der Beweisführung dafür überhoben, daß eine solche Fürsorge überhaupt und in einem gegenüber den derzeitigen Zuständen erhöhtem Maße notwendig ist. Allerdings giebt es noch immer Kreise, welche von der Wahrheit dieser Behauptung nicht durchdrungen sind. Und gewisse Gruppen lehnen sogar jede Einmischung auf diesem Gebiete rundweg ab, namentlich wenn sie seitens der besitzenden Klassen zu Gunsten der minderbegüterten erfolgt. Derartige abweichende Anschauungen zu widerlegen, erheischt ein Aufrollen all dessen, was wir in seiner Gesamtheit als Volkserziehung zu bezeichnen pflegen. Hierauf einzugehen, führt zu weit für den Zweck, den sich die nachstehenden Darlegungen gesetzt haben. Es wird auch für die Mitglieder des Deutschen Vereins für Armenpflege und Wohlthätigkeit nicht erforderlich sein, da unter ihnen der an die Spitze gestellte Satz ernstlichen Einwendungen nicht begegnen wird. Sie kennen die Ungunst der Arbeitsverhältnisse, die Lockerung der Familienbande, die Not und das Elend, welche eine Gefährdung des sittlichen Haltes, eine Verrohung oder Verwahrlosung oder ein Versinken in das Verbrechertum nach sich ziehen. Sie haben die Zahlen studiert, welche uns die Moralstatistik bietet, und unter welchen die der verbrecherischen Jugend am meisten um deswillen unsere Aufmerksamkeit erheischen, weil sie ein bedrohliches Anwachsen der Intensität der Kriminalität dieser Altersklassen und ein unverhältnismäßiges Anschwellen gerade unter den jüngeren Jahrgängen darthun. Es ist ihnen endlich eine Sache der täglichen Erfahrung, daß selbst da, wo bisher nichts Nachteiliges in die äußere Erscheinung getreten, dennoch die Summe derjenigen Einzelmomente eine gesteigerte gegenüber früheren Zeiten geworden ist, welche für minderbehütete und mehr sich selbst überlassene Jugendliche überall und ganz besonders in größeren Städten Gefahren, namentlich in sittlicher Hinsicht, auslösen. Überall prägt sich eben in unserem öffentlichen Leben aus, daß wir in einer Übergangszeit leben, die vieles Alte eingerissen und das Neue noch nicht voll ausgebaut hat. Ein Jahrhundert, welches damit begann, das Gebundensein an die Scholle aufzuheben, den alten Ständestaat zu beseitigen und ein neues, nachmals eine Volksvertretung schaffendes und noch später allmählich sich dem Rechtsstaate näherndes Staatengebilde auf einer Unzahl neu sich bildender Stände aufzuerbauen, in welchem eine kaum faßbare Menge von Erfindungen und Entdeckungen das gesamte Wirtschafts- und Verkehrsleben völlig umgestaltete, und in welchem die Wirkungen der Kriege und der Wiedererrichtung eines einigen großen Vaterlandes einerseits die Gesamtanschauungen erheblich erweiterten, andererseits in Verbindung mit den geänderten Erwerbsverhältnissen die Lösung alter und junger socialer Fragen mit einem bis dahin unbekannten Drängen in den Vordergrund rückte, ein solches Jahrhundert konnte nicht unter allseits gemächlich ruhigen Zuständen zur Rüste gehen.

Ist es also richtig, daß die vom deutschen Volke erlebten geschichtlichen und wirtschaftlichen Umwälzungen und Neubildungen nicht ohne Rückschlag auf unsere heranwachsende Jugend geblieben sind, und daß wir dieser ein erhöhtes Maß von Fürsorge zu widmen haben, so kann für die Ausgestaltung der letzteren nur das Wie in Frage kommen. Hierfür aber wird man betreffs eines Punktes einig sein, daß nämlich die schlechteste Thätigkeit diejenige ist, welche im Almosengeben besteht oder dem sich nähert. Wollen wir auf diesem socialen Gebiete etwas ersprießliches leisten, so darf das nicht in dem planlosen Sichentäußern irgend welcher Münzen bestehen, sondern es muß persönliche Arbeit gethan werden. Soll die Entfremdung, welche zwischen einzelnen Volksschichten eingetreten ist, nicht von Tage zu Tage größer werden und eine Kluft sich im eignen Volke aufthun, gräßlicher als die, welche Lazarus sah, unüberbrückbar, das Heil der Nation in ihren dunklen Finsternissen begrabend, so muß der mit reicheren Kenntnissen und größeren Gütern versehene Teil der Deutschen sich werkthätig in den Dienst seiner minder bevorzugten Brüder und ihrer Kinder stellen. Nur dadurch, daß wir in freier Liebe den Klassen selbst dienen, deren wirtschaftliche Dienste wir entgegennehmen, vermögen wir das Gleichgewicht herzustellen und zu erhalten, dessen jetzt unsere öffentlichen Zustände zum Schaden des Gesamtwohles entbehren. Und blicken wir hierbei nach anderen Ländern hinüber, so können wir in dem Patronagesystem Belgiens, Frankreichs u. s. w. und in manchen sonstigen fremdländischen Einrichtungen zwar gute Vorbilder ausfindig machen, aber keines läßt sich ohne weiteres auf deutsche Zustände übertragen. Deutsche Denkweise, deutsche Art und Sitte hat zu bestimmen, wie bei uns vorzugehen ist; und im eignen Lande haben wir uns umzuschauen, um zu entdecken, wo und wie an Bestehendes anzuknüpfen ist.

Da dürfte denn als das beste System, auf welchem die Fürsorge sich aufbauen kann, das Pflegersystem sich darbieten. Wir brauchen es für das Vereinsleben nicht aus dem Auslande einzuführen. In unserem Berliner Vereine zur Besserung der Strafgefangenen ist es seit dem Jahre 1828 fortgesetzt bis heut in Anwendung; und es wäre ein schwer ausführbares Unternehmen, die Vereine aufzuzählen, welche in Deutschland seine Grundsätze befolgen. Trotzdem ist auch dieses einer zeitgemäßen Umgestaltung fähig. Ein von mir geleiteter Verein hat sich dem auf einem bestimmten Felde seit kurzem unterzogen. Und gerade dieser Umstand hat die vorliegenden Zeilen veranlaßt. Es geschieht auf ausdrücklichen Wunsch des Herrn Vorsitzenden des Deutschen Vereins für Armenpflege und Wohlthätigkeit, wenn im Nachstehenden ein ausführlicheres Bild des gedachten neuen Vereins gegeben wird. Es soll an einem praktischen Beispiele anstatt an weiteren allgemeinen Erörterungen gezeigt werden, wie Volksfreunde in einem bestimmten Falle an die Lösung der Frage herangegangen sind. Am Schlusse wird dann kurz darauf eingegangen werden, wie die dort gesammelten Erfahrungen für weitere Fürsorgegebiete und für andere Kreise verwertet werden können.

Der in Rede stehende Verein ist der freiwillige Erziehungsbeirat für schulentlassene Waisen, der sich auf Grund eines an Pestalozzis 150sten Geburtstage, dem 12. Januar 1896, von 106 Damen und Herren erlassenen Aufrufes am 21. Januar 1896 im Bürgersaale des Rathauses zu Berlin gebildet hat. Sein Entstehen ist namentlich seinem verdienten und unermüdlichen ersten stellvertretenden Vorsitzenden, dem Lehrer Pagel, zu verdanken, welcher seine eigenen Anschauungen in einer von ihm, nicht vom Vereine, herausgegebenen Broschüre niedergelegt hat, betitelt: Der freiwillige Erziehungsbeirat für schulentlassene Waisen; ein Versuch zur Lösung der Frage: was ist das deutsche Volk seinen verwaisten Kindern schuldig? Berlin 1896, L. Oehmigkes Verlag (R. Appelius).

Zweck des Vereins ist die sittliche und wirtschaftliche Förderung der Waisen Berlins in den auf ihren Austritt aus der Schule folgenden Jahren. Daß hierfür eine neue Vereinigung gegründet wurde, erheischt in unserer Zeit, welche viel mehr einer Zusammenfassung der bereits vorhandenen als einer Errichtung neuer Vereine bedarf, einer kurzen Begründung. Auf dem Gebiete der Waisenfürsorge war keine Korporation vorhanden, welche mit ihrer Thätigkeit beim Schulentlassungstermine eingesetzt und eine erziehliche Wirksamkeit in den Vordergrund gerückt hätte. Unter den allgemeinere Ziele verfolgenden befanden sich allerdings solche, welche sich dem Jugendschutze in verschiedenen Formen, und auch einer, welcher sich satzungsgemäß ausschließlich dem Wohle der schulentlassenen Jugend widmet. Allein die Arbeit für Waisen ist wegen des Eingreifens der Vormünder, der Gemeindewaisenräte und der Vormundschaftsgerichte eine so eigenartete, daß die Leiter der vorhandenen Vereine das Ausscheiden dieses Sondergebietes aus ihrem Thätigkeitsfelde um so mehr mit Freuden begrüßten, als letzteres trotzdem noch ein für sie nicht voll zu bewältigendes verblieb. Gerade der Wunsch, bereits gepflegten Bestrebungen nirgends Abbruch zu thun, führte den Erziehungsbeirat von vornherein dazu, nur im Einverständnisse mit allen in Frage kommenden Behörden und Vereinigungen vorzugehen, und hat seine peinliche Befolgung dieses Grundsatzes bereits dadurch belohnt, daß das Vorhaben, eine Centralstelle des Waisenfürsorgewesens Berlins zu werden, seiner Erfüllung sehr nahegerückt worden ist.

Unter Waisen versteht der Verein alle vaterlosen Kinder. Er zählt dazu nicht nur die, welche ihren Vater oder beide Eltern verloren haben, sondern auch die dauernd von ihrem Vater verlassenen und alle unehelichen Kinder. Diejenigen, welchen nur die Mutter entrissen worden ist, während der Vater sich um sie kümmert, sind von seiner Wirksamkeit ausgeschlossen. Allerdings wurde nicht verkannt, daß auch solchen Kindern oft eine Fürsorge bringend notwendig ist. Allein diese hat so anders geartete Voraussetzungen und muß in so abweichender Weise bethätigt werden, daß sie nicht mehr

1*

in den Rahmen der Bestrebungen des Erziehungsbeirates paßt; derartige Fälle werden daher eintretendenfalls geeigneten befreundeten Vereinen überwiesen.

Zur Vereinsmitgliedschaft sind erwachsene Personen beiderlei Geschlechtes ohne Unterschied des Berufes, der Partei oder des Glaubensbekenntnisses, sowie Personenvereinigungen, Behörden und sonstige Körperschaften berechtigt. Jedes neue Mitglied hat zu erklären, ob es als Pfleger, bezw. Pflegerin, fachmännischer Beistand, zahlendes oder immerwährendes Mitglied eintritt. Die hiermit übernommenen Aufgaben werden weiter unten dargelegt werden. Das erste Vereinsjahr schloß ab mit 1473 Pflegern und Pflegerinnen, 165 fachmännischen Beiständen, darunter 80 Ärzten, und 889 immerwährenden und zahlenden Mitgliedern. Die Einnahmen in diesem Jahre, an deren Spitze eine Zuwendung von Sr. Majestät dem Kaiser und Könige mit 300 Mk. steht, betrugen 19 203 Mk. 6 Pf., wovon 12 595 Mk. 96 Pf. als eiserner Fonds angelegt, 5055 Mk. 73 Pf. verausgabt und 1551 Mk. 97 Pf. als verfügbarer Kassenbestand übrig behalten wurden.

Die Verwaltung des Vereins erfolgt durch den Vorstand und die Generalversammlung. Letztere tritt mindestens einmal im Jahre zusammen. Ersterer besteht aus einem Ehrenpräsidenten, als welchen der Verein mit Stolz und Dank Se. Excellenz den Staatsminister Herrfurth den Seinen nennen darf, einem Vorsitzenden und einem Schriftführer nebst je drei Stellvertretern dieser, einem Schatzmeister und dessen Stellvertreter und 100 Beisitzern. Dieser Gesamtvorstand versammelt sich nur zweimal im Jahre zur Erledigung principieller Angelegenheiten. Aus seiner Mitte ist ein Arbeitsausschuß gewählt, dem nur 20 von den 100 Beisitzern angehören, und dem die eigentliche Vereinsverwaltung obliegt, die in monatlichen Sitzungen erledigt wird, während Vorsitzender, Schriftführer und Schatzmeister die laufenden Geschäfte besorgen.

Neben diese große Organisation der eigentlichen Vereinsleitung tritt eine ebenso große der Fürsorgethätigkeit. An ihrer Spitze steht die vom Arbeitsausschusse ressortierende Abteilung für Lehrstellennachweis und Pflegewesen, die bereits ein eigenes ständiges Büreau errichtet hat. Ihr sind 220 Bezirksausschüsse unterstellt, welche die ganze Stadt Berlin umfassen, und auf welche sogleich des näheren einzugehen sein wird. Außerdem laufen in ihr die Fäden derjenigen Kommissionen zusammen, welche sich mit der eigentlichen Fürsorge befassen; namentlich der Kommission zur Bildung der Bezirksausschüsse, der zur Gewinnung fachmännischer Beistände und für Lehrstellennachweis, der zur Prüfung der Unterstützungsgesuche, der Ärztekommission und der Kommission für juristischen Beirat.

Im ersten Vereinsjahre haben an Sitzungen stattgefunden: eine Hauptversammlung, zwei Sitzungen des Gesamtvorstandes, in jedem Monate eine des Arbeitsausschusses und eine außerordentliche derselben Körperschaft, eine große Vereinsversammlung zur Organisation der Bezirksausschüsse, 16 kleinere zu gleichem Zwecke in den einzelnen Stadtteilen, eine Versammlung aller Bezirksausschußvorsitzenden, zwei solche aller Pfleger und Pflegerinnen, in jedem der 220 Bezirksausschüsse Sitzungen nach Bedarf, spätestens alle zwei Monate je eine, endlich zahllose Zusammenkünfte der einzelnen Kommissionen.

Daß ein so großer Apparat notwendig war, wurde durch die Arbeitsweise des Erziehungsbeirates bedingt. Er legte von vornherein das Schwergewicht auf die Entfaltung persönlichen Wirkens für die Verwaisten. Deshalb wurde in den Satzungen, von denen im Anhange ein Abdruck folgt, neben die zahlenden und immerwährenden Mitglieder, die sich nur zu bestimmten Geldzahlungen verpflichten, als die eigentlich werkthätige Mitgliederklasse die der Pfleger und der Pflegerinnen gesetzt, welche sich verbindlich machen, zur Erreichung der Ziele des Vereins nach Maßgabe einer besonderen Pflegerordnung thätig zu werden. Letztere ist etwas umfangreicher als sogenannte große Pflegerordnung ausgearbeitet und den Vorsitzenden der Bezirksausschüsse zugestellt, während ein Auszug daraus, die sogenannte kleine Pflegerordnung, jedem einzelnen Pfleger ausgehändigt wird; beide sind gleichfalls im Anhange abgedruckt. Es wird angestrebt, daß möglichst jeder Pfleger nur einen Pflegling zu übernehmen hat. Jedenfalls kann ersterer bestimmen, wie viel Schutzbefohlene er zuerteilt wünscht. Mehr als vier werden ihm vom Verein nicht zugewiesen. Die Satzungen bezeichnen als die Hauptaufgaben der Pfleger und Pflegerinnen bei der Berufswahl der ihnen überwiesenen Waisen und bei der Unterbringung dieser in dem erwählten Berufe mitzuwirken, die Waisen zu überwachen, über deren Arbeitgeber sich zu unterrichten, gute Beziehungen zwischen diesen und ihren Pfleglingen anzubahnen, letzteren mit Rat und That beizustehen und an den Vorstand kurz zu berichten. Dieser Satz enthält im Kern die Hauptteile der Waisenfürsorge des Erziehungsbeirates, die allerdings in einer eigenartigen Weise im einzelnen geregelt sind.

Es war nämlich davon auszugehen, daß von den rund 200 000 Schülern der Berliner Gemeindeschulen und den für die Zwecke der Fürsorge in Betracht kommenden Anstalten in jedem Schuljahre rund 12 000 zur Entlassung kommen, daß hiervon etwa 10 %, gleich 1200, verwaist im obengedachten Sinne sind, sowie, daß für 12½ % der Waisen die Stadt Berlin durch deren Übernahme in Kostpflege bereits Sorge getragen hat. In jedem Halbjahre schließen also mindestens 1000 Vaterlose ihre Schulbildung ab, von denen zunächst nicht feststeht, ob sie einer Fürsorge bedürfen werden. Betreffs dieser sind somit in jedem Falle Ermittelungen anzustellen und die Mehrzahl von ihnen in Pflegschaft zu übernehmen. Da der Grundsatz maßgebend ist, sich jeden Eingriffes dann zu enthalten, wenn den Waisen bereits von anderer Seite eine ausreichende Fürsorge zu Teil wird, stellt sich mithin ziffernmäßig die Sache so, daß in jedem Semester etwa betreffs 200—300 Waisen festzustellen sein wird, daß dies der Fall ist, und etwa 700—800 in Pflegschaft kommen müssen. Betreffs eines Jahres gelten daher die doppelten Zahlen.

Eine so große Aufgabe erforderte eine planmäßige Bewältigung. Die Pfleger und Pflegerinnen bedurften eines Zusammenschlusses in einem kleineren Kreise, welcher den Namen Bezirksausschuß erhielt. Dieser selbst aber war im Anschlusse an eine bereits vorhandene kommunale Einteilung zu bilden. Als solche boten sich naturgemäß die Waisenratsbezirke dar. Da Berlin 240 Waisenratsbezirke hat, und in einzelnen Fällen die Zusammenlegung zweier solcher zu Doppelbezirken aus besonderen Gründen wünschenswert erschien, wurden im ganzen 220 Bezirksausschüsse des Erziehungsbeirates begründet, auf welche die 1473 Pfleger und Pflegerinnen verteilt wurden. Jeder Bezirksausschuß arbeitet selbständig unter einem eigenen Vorsitzenden, hat sich aber natürlich nach den ihm übergebenen Direktiven zu richten.

Durch ein dankenswertes Entgegenkommen der städtischen Behörden, insbesondere der Schulverwaltung, sind nun sämtliche Schulen angewiesen worden, dem Erziehungsbeirate die Namen ihrer Waisen auf Anfrage mitzuteilen. Es wird deshalb von der Abteilung für Lehrstellennachweis und Pflegerwesen alle Halbjahre nach dem weiter unten folgenden Muster eine gedruckte Umfrage an alle Schulen zur Feststellung dessen abgelassen, welche vaterlosen Kinder beim nächsten Schulentlassungstermine abgehen. Aus den eintreffenden Antworten verteilt das Büreau die Waisen nach ihrer Wohnung auf die 220 Bezirksausschüsse des freiwilligen Erziehungsbeirates und überweist sie deren Vorsitzenden mittelst der im Anhange wiedergegebenen, in Doppelexemplar ausgestellten Berufswahlkonferenzliste, in welcher die letzten sieben Spalten unausgefüllt bleiben. Die Vorsitzenden der Bezirksausschüsse haben nun etwa 4—5 Monate Zeit bis zum Schulentlassungstermine vor sich. Sie überweisen sofort die in den Listen verzeichneten Kinder ihren Pflegern und Pflegerinnen, ersteren die Knaben, letzteren die Mädchen, und zwar mittelst der den Anhang abschließenden Liste VI. Die Pfleger und Pflegerinnen ihrerseits stellen zunächst fest, ob überhaupt der Fall der Pflegschaft gegeben ist, und teilen verneinendenfalls ihrem Vorsitzenden das Erforderliche mit, auf daß dieser den Fall in Abgang stelle. Für die Übrigbleibenden wird die Pflegschaft eingeleitet.

Sie beginnt mit der Vorbereitung der Berufswahl. Leitsatz hierfür ist, daß dabei die Vermögenslage des Kindes, dessen besondere Neigungen und Anlagen, sein sittlicher, geistiger und körperlicher Zustand und die sonst in Betracht kommenden allgemeinen und persönlichen Verhältnisse Berücksichtigung zu finden haben. Um dies zu ermöglichen, hat sich der Pfleger mit der Schule, namentlich dem Klassenordinarius, dem Gemeindewaisenrate, dem Vormunde, der Mutter oder sonstigen Anverwandten des Waisenkindes und diesem selbst mündlich, nicht schriftlich, durch Recherche an Ort und Stelle in Verbindung zu setzen und auf diese Weise festzustellen: was will das Kind werden, was kann es werden, welche Mittel sind zur Erreichung des Zieles vorhanden? Hierbei ist der Pflegling und dessen Angehörige — manchmal auch der Vormund — darüber aufzuklären, welche Vorteile und Nachteile die verschiedenen Berufsarten bieten, und inwiefern sie Anforderungen stellen, welche der Pflegling zu erfüllen oder nicht zu erfüllen geschickt ist. Geeignetenfalls ist letzterem Zutritt zu einer Werkstätte zu verschaffen, um sich über das betreffende Fach aus eigener Anschauung ein Bild zu machen. In allen Fällen ist aber darauf hinzuwirken, daß der Pflegling sich von einem der zahlreichen, über alle Stadtbezirke verteilten Vereinsärzte, die ihre Dienste unentgeltlich dem Erziehungsbeirate zur Verfügung stellen, auf die körperliche Brauchbarkeit für den erwählten Beruf untersuchen läßt. Hierauf wird ein hoher Wert gelegt, da es außerordentlich wesentlich ist, daß bei der Berufswahl die Erfordernisse der Hygiene berücksichtigt werden, und daß jeder nur in einen Berufszweig, dem er körperlich gewachsen ist, hineinkomme, unsere Erwerbsklassen aber diesem Umstande nur eine sehr geringfügige Aufmerksamkeit zuwenden. Wie mancher ist schon daran zu Grunde gegangen, daß er mit einer Anlage zur Schwindsucht, einem Herzfehler, einem Augenleiden u. s. w. in einen Beruf eintrat, in welchem sich das vorhandene Übel rasch steigern mußte, während es in einer anderen Erwerbsthätigkeit keine Nahrung gefunden hätte! Und wie mancher ist mit solchen und anderen Leiden behaftet, ohne daß er selbst oder seine Umgebung etwas davon weiß! Deshalb soll der Pfleger und die Pflegerin möglichst in allen, jedenfalls aber in den zweifelhaften Fällen darauf halten, daß das Gutachten des Arztes eingeholt und befolgt wird.

Insoweit der Pfleger selbst über einen bestimmten Beruf nicht unterrichtet ist, hat er sich an die fachmännischen Beistände des Vereins zu wenden. Diese verpflichten sich durch ihren Beitritt als Mitglied, betreffs des eigenen Berufes dem Vorstande und dessen Mitgliedern auf Fragen, die im Interesse der Waisen an sie gerichtet werden, Auskunft zu erteilen und in Angelegenheiten ihres Faches die Pfleger und Pflegerinnen auf Ansuchen zu unterstützen. Sie sind in einer großen, monatlich einmal tagenden Kommission vereinigt und haben dem Vereine bereits sowohl sehr wesentliche allgemeine Ratschläge erteilt wie im Einzelfalle mit Belehrung und Stellennachweis ausgeholfen. Ihre Zahl ist in stetem Wachsen begriffen und wird bald so vervollständigt sein, daß die Vereinsmitglieder über keine Fachfrage mehr in Verlegenheit kommen werden. In Aussicht genommen ist, daß diese Kommission allmählich eine sämtliche Erwerbszweige umfassende Tabelle aufstellt, durch die alle Pfleger einen Nachweis darüber erhalten, welche körperlichen Eigenschaften für jeden einzelnen Beruf als Vorbedingung anzusehen sind, und welche als ungünstig für den Eintritt in denselben bezeichnet werden müssen. Auch ist die juristische Kommission damit beschäftigt, verschiedene Normalvertragsformulare für die verschiedenen Berufszweige unter Benutzung der vorhandenen Vorarbeiten, namentlich auch der Innungen, auszuarbeiten.

Haben auf diese Weise alle Pfleger und Pflegerinnen eines Bezirksausschusses die Berufswahl vorbereitet, so hält der Ausschuß die Berufswahlkonferenz ab. Zu derselben sind die für den Bezirksausschuß zuständigen Waisenratsmitglieder, die Rektoren, Klassenordinarien, Vormünder, Mütter und sonstigen Mündelangehörigen einzuladen und der Gemeindewaisenratsvorsitzende um Leitung der Versammlung zu ersuchen. Die Zuziehung von Fachmännern, Ärzten u. s. w. bleibt dem Einzelfalle überlassen. In der Konferenz tragen die Pfleger und Pflegerinnen die Ergebnisse ihrer Nachforschungen vor; jeder Fall wird sorgsam erörtert und eine Beschlußfassung über den zu ergreifenden Beruf herbeigeführt. Hierbei ist ein Hauptaugenmerk darauf zu richten, daß die Pfleglinge wirklich einem solchen Beruf zugeführt werden, den sie voll auszufüllen vermögen; schwankt der Entschluß zwischen zwei Gewerben, so ist dem entwickelteren der Vorzug zu geben. Überhaupt muß der Bezirksausschuß von der Bedeutung und der Wichtigkeit der Wahl des rechten Lebensberufes, von den schlimmen Folgen hierbei begangener Mißgriffe und von der Notwendigkeit durchdrungen sein, den Waisen auch die ihnen bisher ziemlich verschlossenen besseren Berufe zu eröffnen. Die Gründe dafür, daß gerade die Waisen sich zur Zeit vielfach als Kegeljungen, Laufburschen, Fabrikarbeiter u. s. w. beschäftigt finden, wenig hingegen in den größere Anforderungen stellenden und deshalb ein besseres Fortkommen verheißenden Gewerben, liegt ja auf der Hand: es fehlt der Vater, der für sein Kind so sorgt, wie es eben nur ein Vater kann. Es gilt das Wort, das nach Ludwig Jacobowski, Weisheit aus Afrika in Versen, bereits die „Wilden" Afrikas erfaßt haben:

> Heut fragte ich das Waisenkind:
> „Hast du stets genug?"
> Sagt es: „Hätt' ich so viel wie dein Kind,
> Hätte ich genug."

Hier soll zwar nicht für den Vater, aber doch für die sonst von ihm zu entfaltende Thätigkeit als ein Ersatz die Wirksamkeit des Erziehungsbeirates nach Kräften eintreten. Wie schwer es ist, Waisen in die bezeichneten Gewerbe zu bringen, ergiebt sich daraus, daß sogar die so gut geleitete Berliner städtische Waisenerziehungsanstalt zu Rummelsburg ihre Zöglinge im wesentlichen nur als Schneider, Tischler, Schmiede, Tapezierer, Bäcker, Kaufleute, Sattler, Schuhmacher, Gürtler und Schlosser unterbringt, hingegen in einem Zeitraume von 11 Jahren von 1169 Waisen nur entließ: je 5 Köche und Pianofortebauer, je 4 Vergolder, Diamanteure, Lithographen, je 3 Instrumentenmacher, Mechaniker, Maschinenbauer, Optiker, Möbelpolierer, Photographen und Stuckateure, je 2 Messerschmiede und Graveure, je 1 Förster, Zahntechniker, Steinmetz, Uhrmacher, Orgelbauer, Ciseleur, Posamentier, Nähmaschinenbauer, Obstzüchter u. s. w. An diesem wunden Punkte hat der freiwillige Erziehungsbeirat mit besonderem Erfolge eingesetzt und durch die vorzüglichen Verbindungen seiner Pfleger und Pflegerinnen wie der fachmännischen Beistände seinen befähigteren Pfleglingen Berufe erschlossen, zu denen sie ohne seine Mitwirkung niemals gelangt wären. Hier hat auch die Opferbereitschaft mancher wohlhabender Mitglieder sich aufs schönste bewährt, die so weit gegangen ist, sogar hervorragend veranlagte Knaben auf eigne Kosten zum Lehrberufe vorzubereiten.

Die Beobachtung dieser Grundsätze macht in der Praxis für die Knaben verhältnismäßig wenig Schwierigkeiten. Mehr ergeben sich für die Mädchen. Auch für sie steht der negative Satz fest, daß sie nicht in Fabriken und nicht in solchen Betrieben, in denen wenig zu lernen ist, unterzubringen sind. Positiv wird für sie Beschäftigung als Dienstmädchen in erster Reihe empfohlen. Sie sind aber oft zu schwächlich, um sofort nach der Entlassung aus der Schule einen Dienst antreten zu können. Hier ist mit Vorteil häufig zunächst die Zwischenstufe der Ausbildung in einer Haushaltungs- und ähnlichen Schule zwischengeschoben worden, deren Besuch den Pfleglingen des Erziehungsbeirates durch ein großes Entgegenkommen der vielfachen, hierfür thätigen, mit ihm befreundeten Vereine erheblich erleichtert worden ist. Es ist in letzter Zeit auch der Versuch gemacht worden, solche Waisen zuerst als sogenannte Lehrdienstmädchen gegen ermäßigten Lohn überzählig in einen Haushalt treten zu lassen, in welchem die Hausfrau mitarbeitet und sie allmählich und zwar zunächst unter Verschonen mit besonders schwerer Arbeit in die Pflichten des Dienstes einführt. Ein Teil der weiblichen Pfleglinge wandte sich auch dem kaufmännischen Berufe, ein geringerer den

Gewerben zu. Es soll in jedem Falle Sorge getragen werden, daß die weiblichen Pfleglinge auch eine Ausbildung fürs Haus erhalten, um sie für eine spätere Eheschließung vorbereitet sein zu lassen.

Ist in dieser Weise im Einvernehmen mit dem Vormunde die Festsetzung des zu ergreifenden Berufes durch die Berufswahlkonferenz erfolgt, so liegt nunmehr jedem Pfleger ob, seinem Pfleglinge eine entsprechende Stelle zu verschaffen. Stets ist hierbei durch sachdienliche Erkundigungen festzustellen, ob die Arbeitgeber eine gute Erziehung und eine tüchtige Ausbildung der Waisen gewährleisten. Pfuschern, sogenannten Lehrlingszüchtern und sonstigen Ausbeutern, gewissenlosen, unmoralischen oder verdächtigen Personen dürfen die jugendlichen Waisen nicht anvertraut werden. Kann der Pfleger keine passende Stelle ausfindig machen, so hilft die Abteilung für Lehrstellennachweis und Pflegerwesen oder die fachmännische Kommission aus; ersterer sind seitens der Pfleger und Pflegerinnen diejenigen Stellen mitzuteilen, welche sie gelegentlich ermitteln, ohne sie besetzen zu können. Dem Lehrstellennachweise stand für fast alle Berufszweige fortgesetzt eine größere Zahl von Lehrstellen zur Verfügung, als lernlustige Waisen dafür angemeldet wurden. Der Grund hiervon war erfreulicherweise der, daß der Lehrstellennachweis bereits in kurzer Zeit sehr bekannt in Berlin geworden ist, und daß andererseits die meisten Pfleger vermöge ihrer eigenen Bemühungen und ihres regen Eifers ihren Schutzbefohlenen selbst eine Stelle verschafften. Dabei waren die angemeldeten Stellen gut, zum Teil vorzüglich und nur wenige minderwertig. Dasselbe außerordentliche Entgegenkommen, welches der freiwillige Erziehungsbeirat bei befreundeten Vereinigungen, bei Stiftungen u. s. w. gefunden hat, welche ihm die Pfleglinge zur Ausbildung auf Anstalten u. s. w. abnahmen oder sie anderer Vergünstigungen teilhaftig werden ließen, hat sich auch bei den Arbeitgebern gezeigt. Wiederholt wurde das Lehrgeld ganz oder zum Teil erlassen, in zwei Fällen sogar in der Höhe von je 500 Mk.; mehrfach fand eine Abkürzung der Lehrzeit gegenüber den sonst bei demselben Meister üblichen vertragsmäßigen Abmachungen oder eine Erhöhung des von dem Meister gewährten Kostgeldes statt. In Anerkennung des guten Zweckes des Erziehungsbeirates waren viele Arbeitgeber in uneigennütziger Weise zu Opfern aller Art bereit.

Selbstverständlich muß der Abschluß des Lehr= oder Dienstvertrages so rechtzeitig erfolgen, daß der Antritt der Stelle unmittelbar nach dem Schulentlassungstermine geschehen kann, und es ist daher der Vormund auf die Notwendigkeit rechtzeitigen Handelns hinzuweisen. Um deswillen ist es auch erforderlich, frühzeitig die Anträge wegen Gewährung von Unterstützungen beim Arbeitsausschusse, der darüber zu befinden hat, zu stellen. Oft lassen sich mit verhältnismäßig geringen Mitteln große Erfolge erzielen; so genügte die Beschaffung eines guten Anzuges, um einem Pfleglinge den Eintritt als Zahntechniker zu ermöglichen. Im allgemeinen ist es natürlich erwünscht, wenn die Pfleger oder Pflegerinnen selbst Sorge tragen, daß für bedürftige Waisenkinder die Mittel da sind, um ihnen das Ergreifen des gewählten Berufes zu ermöglichen. Mancher unter ihnen, der dazu in der Lage ist, greift in die eigene Tasche; mancher weiß gutgestellte Bekannte für seinen Schützling zu interessieren. Einzelne Bezirksausschüsse haben sich sogar eigene

Einnahmequellen verschafft, z. B. durch Veranstaltung eines Kirchenkonzertes. Wo es sich nur um die Beschaffung von Anzügen, nicht kostspieligem Arbeitszeug u. dergl. handelt, läßt sich vielfach das Bedürfnis auch ohne Unterstützungsgesuch an den Arbeitsausschuß decken. In allen Fällen, wo nun aber solche notwendig werden, sind sie unter Benutzung des dafür eingeführten Formulars einzureichen und mit der Bescheinigung zu versehen, daß von anderer Seite eine ausreichende Versorgung des Pfleglings nicht zu erlangen ist. Dadurch wird bedingt, daß der Pfleger dementsprechende Ermittelungen angestellt hat, und daß diese dem Vorsitzenden des Bezirksausschusses, welcher das Unterstützungsgesuch zu unterzeichnen hat, genügend erscheinen. Die Gesuche gehen sodann an die Kommission zur Prüfung der Unterstützungsgesuche, welche eine genaue Nachprüfung eintreten läßt und in jeder Monatssitzung des Arbeitsausschusses mündlich berichtet. Der letztere beschließt dann über die Bewilligung. Es waren bisher die Unterstützungsgesuche verhältnismäßig nicht sehr zahlreich. Da die Vorprüfung eine sehr sorgsame war, konnten fast alle genehmigt werden. Im ersten Vereinsjahr, das allerdings nicht ganz maßgebend ist, da zunächst sehr viel Zeit auf die Organisation des Erziehungsbeirates und die Gewinnung geeigneter Kräfte verwendet werden mußte, und daher die Fürsorgethätigkeit noch nicht in vollem Umfange entwickelt werden konnte, sind 2153 Mk. zur Unterstützung von 97 Pfleglingen seitens des Arbeitsausschusses bewilligt worden. Außerdem hat der Lehrstellennachweis direkt aus privaten Mitteln Unterstützungen für 36 Pfleglinge beschafft. Dazu kommen die von den Bezirksausschüssen und den Pflegern unmittelbar ihren Schützlingen zugewendeten Beträge. Die Gesamtsumme der den Schutzbefohlenen des freiwilligen Erziehungsbeirates durch diesen in seinem ersten Vereinsjahr zu teil gewordenen Unterstützungen muß auf rund 6000 Mk. geschätzt werden. Die buchmäßigen 2153 Mk. sind zur Beschaffung von Kleidung und zwar teils zur besseren Ausstattung bei Antritt der Lehre oder des Dienstes, teils während der ganzen Lehrzeit, ferner zur Beschaffung besserer Kost, zur Zahlung von Lehrgeld, zur Ausbildung in Haushaltungsinstituten, zur Beschaffung von Landaufenthalt behufs Kräftigung der Gesundheit und zum Gebrauche einer Kur gewährt worden.

Zum besseren Verständnisse vorstehender Zahlen muß nun allerdings noch bemerkt werden, daß die Bewilligungen zunächst immer nur auf eine gewisse Zeit, im allgemeinen nicht länger als auf ein halbes Jahr, unter Umständen ein Jahr, ausgesprochen werden, und daß deshalb in den vorstehenden Zahlen auch nur der Betrag enthalten ist, welcher auf diesen kleineren Zeitraum innerhalb des Vereinsjahres entfällt. Es wird dem Pflegling und seinen Angehörigen, bezw. dem Vormunde, eröffnet, daß diejenigen Unterstützungen, welche naturgemäß sich auf einen längeren Zeitraum erstrecken müssen, z. B. die Lehrgeldzahlungen, die Kosten der Ausbildung in Haushaltungs- und anderen Schulen, nach Ablauf des zunächst gesetzten Termines weiter werden bewilligt werden, wenn der Schutzbefohlene sich gut führt. Dadurch behält der Verein und der Pfleger die erhöhte Wahrscheinlichkeit einer erfolgreichen Einwirkung auf seinen Schützling in der Hand. Thatsächlich werden nun die zu solchen Zwecken gegebenen Unterstützungen mit wohl nur sehr wenigen Ausnahmen fortgezahlt werden. Es bedeuten mithin 60 Mk. Lehrgelder, die in der Gesamtzahl als für ein halbes Jahr gewährt enthalten sind, in Wirklichkeit 6 × 60 = 360 Mk., so daß dadurch eine Vervielfachung der effektiv zugewendeten Summen eintritt. Hinzu kommt ein weiterer Umstand, der eine fernere Erhöhung der Summe zu Gunsten der Pfleglinge in sich schließt. Es sind nämlich darin fast gar keine Zuwendungen enthalten, die bisher auf mehr als ein halbes Jahr einem Pfleglinge zu Gute gekommen wären. Und das hat folgenden Grund. Der erste Jahresabschluß umfaßt nur die Schulentlassungstermine Ostern und Michaelis 1896. Da der Verein aber erst am 21. Januar 1896 begründet worden ist, konnte er zu Ostern 1896 noch keine planmäßige Fürsorge entwickeln. Es traten trotzdem schon zu diesem Termine einzelne Gesuche an ihn heran, welche nicht abgewiesen werden sollten und deshalb von der Abtheilung für Lehrstellennachweis und Pflegerwesen direkt ohne Zuziehung der damals noch nicht vorhandenen Bezirksausschüsse bearbeitet wurden. Damals wurden 40 Waisen in gute Stellungen gebracht, für die aber Unterstützungen noch so gut wie gar nicht beansprucht wurden. Im Sommer 1896 waren erst 110 Bezirksausschüsse organisiert, mit deren Hilfe Ermittelungen über die für Michaelis 1896 angemeldeten 968 Waisen angestellt wurden. Es gelang, 405 Knaben und Mädchen in eine ihren Neigungen und Fähigkeiten entsprechende Lehr-, Dienst- oder Arbeitsstelle zu bringen. Die ihnen gewährten Unterstützungen laufen also längstens für die Zeit von Michaelis 1896 bis Ostern 1897.

Für eine beträchtliche Zahl von Waisen sorgten die Vormünder und Angehörigen selbst. Allein auch betreffs dieser war das Eingreifen der Vereinspfleger und -pflegerinnen nicht wertlos. Sie regten ein rechtzeitiges Handeln an und wiesen in den stattgehabten Unterredungen auf manche Punkte hin, welche demnächst zum Vorteile der Waisen verwertet wurden. Gerade diese indirekte Einwirkung, das Anstacheln zum nutzbringenden Selbstthätigwerden, ist wünschenswert und segensreich. Überhaupt hat sich herausgestellt, daß bei weitem in der Mehrzahl der Fälle eine zweckentsprechende Unterbringung der Waisen nicht ein Flüssigmachen von Geldmitteln, sondern nur ein Entwickeln persönlicher Arbeit erfordert. Die Kräfte der Witwe, des Vormundes, der sonst den Waisen nahestehenden Personen werden gehoben, wenn ihnen ein Pfleger eines so großen Vereines zur Seite tritt. Die moralische Unterstützung, das Bewußtsein, in der schweren Zeit des Übertrittes des Kindes in das Erwerbsleben eine freiwillig und uneigennützig, meistens auch unerwartet angebotene Hilfe zu erhalten, ist von einem nicht abschätzbaren Werte. Und auch der materielle Erfolg ist ein großer. Kommt die Mutter eines Waisenkindes, oft in geflicktem oder abgetragenem Rocke, um ihrem Kinde eine Stelle in einem besseren Gewerbe, sagen wir einmal der Feinmechanik oder der Elektricitätsbranche, zu erbitten, so wird sie in vielleicht vier oder fünf oder in noch mehr Fällen überhaupt nicht erst mit ihrem Gesuche vorgelassen, sondern schon von einem Angestellten abgewiesen. Spricht statt dessen ein Pfleger des Erziehungsbeirates vor, so erhält er jedenfalls Zutritt zum Chef und wird in den meisten Fällen diesen zu veranlassen vermögen, einen Versuch mit seinem Schützlinge zu wagen.

Es ist beklagenswert, daß die verschiedene sociale Stellung so verschieden=
artige Folgen nach sich zieht. Aber da diese Thatsache nicht wegzuleugnen
ist, gilt es nur, sie zum Besten der Verlassenen und Verwaisten menschen=
freundlich zu verwerten.

In einzelnen Fällen stellt sich, wie bereits angedeutet, heraus, daß die
Pfleglinge eine so geschwächte Gesundheit haben, daß sie überhaupt nicht ins
Erwerbsleben eintreten können, ohne ernsten Gefahren ausgesetzt zu sein. Es
ist dann bisher noch stets gelungen, wohlmeinende Gutsbesitzer= und andere
Familien auf dem Lande zu finden, welche die Waisen für einige Zeit un=
entgeltlich zu sich nehmen, so daß der Verein nur die Kosten der Hin= und
Rückreise und vereinzelt selbst diese nicht einmal zu tragen hatte. In minder
schweren Fällen wurde mit Erfolg ein ländlicher Beruf, namentlich der der
Gärtnerei, gewählt und eingeschlagen.

Damit, daß den Waisenkindern eine Leitung ihrer Berufswahl, der
Nachweis eines sittlich und technisch wohlgeeigneten Lehrherrn oder Arbeit=
gebers und im Bedarfsfalle eine Geldbeisteuer zu den Kosten ihrer beruf=
lichen Ausbildung zu teil wird, ist jedoch die Thätigkeit des freiwilligen Er=
ziehungsbeirates nicht erschöpft. Es soll den Waisen vielmehr auch in den
nunmehr auf den Schulaustritt folgenden Jahren, und zwar im allgemeinen
nicht unter vier, mindestens bis zur Beendigung der Lehrzeit, je nach dem
Bedarfe des Einzelfalles noch länger, in allen Lebenslagen eine liebevolle
Beratung und thatkräftige Unterstützung zu teil werden. Diese erstreckt sich
wiederum auf den sittlichen, geistigen und körperlichen Zustand des Schutz=
befohlenen und auf die sonst in Betracht kommenden allgemeinen und per=
sönlichen Verhältnisse.

In ersterer Hinsicht ist ein langsames Einwirken durch persönlichen
Verkehr geboten. Der Pfleger, bezw. die Pflegerin, soll sich von Zeit zu
Zeit um den Schützling kümmern, ihn in der Arbeitsstätte aufsuchen und ihn
sich auch gelegentlich einmal ins Haus kommen lassen. Ein freundlich auf
rechte Pfade weisendes Wort, ausgesprochen bei einer Sonntags nachmittags
mit Liebe gereichten Tasse Kaffee, kann, so trivial das klingt, Wunder wirken.
Als der Cirkus Renz eine Vorstellung zum Besten des Erziehungsbeirates
gab, hatten eine Anzahl von Pflegern und Pflegerinnen ihre Pfleglinge auf
ihre Kosten dahin mitgenommen. Wie hundertfältige Frucht mag ein mit
Takt an diesem Abende auf dem Heimwege direkt in die jugendlichen Seelen
gepflanztes gutes Wort tragen!

Die Mängel der geistigen Bildung sind in geeigneter Weise nach den
Erfordernissen des ergriffenen Berufes auszufüllen. Auf den Besuch einer
Fortbildungs=, eventuell einer Fachschule, ist mit Ernst hinzuwirken. Dies
gilt auch für Mädchen, für welche außerdem die bereits erwähnten Haus=
haltungs= und ähnliche Schulen in Betracht kommen. Die Verpflichtung des
Arbeitgebers, freie Zeit zum Besuche dieser Schulen zu gewähren, ist mög=
lichst schon in den abzuschließenden Vertrag aufzunehmen.

Für das leibliche Wohl tritt eine Fürsorge namentlich in Krankheits=
fällen ein, in welchen die Vereinsärzte unentgeltliche Behandlung freundlichst
zugesagt haben.

Im übrigen ist die Herausbildung eines freundschaftlichen Verhältnisses zwischen Lehrherrn und Pflegling wie zwischen diesem und seinem Pfleger anzustreben. Letzterer muß sich deshalb auch in sachgemäßer Weise nach der Behandlung erkundigen, die seinem Schutzbefohlenen durch dessen Arbeitgeber zu teil wird, und, falls trotz aller geübter Vorsicht ungeeignete Lehr-, Dienst- oder Arbeitsverhältnisse eingegangen sein sollten, für deren schnelle Auflösung und eine schleunige anderweite Unterbringung des Pfleglings Sorge tragen. Andererseits ist aber leichtfertigen Klagen der Schützlinge nicht Gehör zu schenken, vielmehr ein Einfluß auf diese dahin auszuüben, daß sie sich auch in die Unannehmlichkeiten und Widrigkeiten, die jeder einzelne Stand mit sich bringt, geduldig schicken lernen. Nachdrücklich ist auf Entwicklung des Spartriebes bei den Schutzbefohlenen hinzuwirken, ebenso auf verständige Verwendung der freien Zeit am Sonntage. Bei erheblicher Vermehrung der Vereinsmittel ist die Eröffnung eines Sonntagsheims für die Waisen von verschiedenen Vorstandsmitgliedern ins Auge gefaßt. Das Übersendungsschreiben zur Pflegerordnung spricht es aus, daß von den Pflegern und Pflegerinnen Umsicht, Takt, Hingebung und Opferbereitschaft erwartet wird. Das ist viel. Aber das Vertrauen, daß diese Eigenschaften werden entwickelt und das Rechte getroffen werden, hat sich bisher glänzend bewährt. Die Vereinspfleger sind zunächst nur aus dem persönlichen Bekanntenkreise der Vereinsmitglieder gewonnen worden und haben dann ihrerseits ihre eignen Freunde und Bekannten hinzugezogen. So sind durchweg Personen in dieses freiwillig übernommene Amt eingetreten, welche ihre Arbeit im Geiste selbstloser Menschenliebe thun und besondere Erfahrungen und Geschick hierzu mitbringen.

Die vorstehenden Ausführungen werden genügen, um einen Überblick über das Arbeitsfeld, die Organisation, die Aufgaben und die Thätigkeitsweise des freiwilligen Erziehungsbeirates für schulentlassene Waisen zu geben. Ein paar Fragen drängen sich von selbst auf. Bieten sich in der praktischen Ausführung nicht Schwierigkeiten gegenüber den Müttern, den Vormündern, den Gemeindewaisenräten und gemeinnützigen, ähnliche Ziele verfolgenden Vereinen? Und ist nicht die gesamte Vereinswirksamkeit überhaupt überflüssig, da doch im Grunde nur die Arbeit des Vormundes und des Waisenrates gethan wird?

Die letztere Frage erheischt als die principale zunächst Beantwortung. Dem Vormunde können von vornherein da nicht die Cirkel gestört werden, wo keiner vorhanden ist. Diese Fälle sind viel häufiger, als ein in diesen Dingen nicht Bewanderter annehmen wird. Namentlich sind oft uneheliche Kinder ohne Vormund. Denn für diese ist der Vater der außerehelichen Mutter der gesetzliche Vormund; stirbt er nun, so ist es nicht selten, daß eine Benachrichtigung an das Vormundschaftsgericht versehentlich unterbleibt, und daß dann, da die Mutter fast ausnahmslos in solchem Falle keine Schritte unternimmt, das Kind ohne jeden Vormund bleibt. Aber auch beim Tode anderer Vormünder ereignet es sich in vermögenslosen Vormundschaftssachen, daß eine Neubestellung nicht erfolgt. In allen diesen Fällen greifen dann die Vereinspfleger ein und führen die rechtzeitige Bestellung eines Vormundes vor dem Schulentlassungstermine herbei. Andere Waisen haben zwar einen Vormund, der jedoch unauffindbar ist. Karousselbesitzer, Artisten, die von Ort zu Ort wandern, Jahrmarktsbudenbesitzer mögen außerordentlich brave Leute sein; wo sie aber, was auch geschieht, zu Vormündern bestellt werden oder nach ihrer Ernennung einen solchen Beruf ergreifen, ist ihr Vorhandensein schädlicher, als wenn gar kein Vormund verpflichtet wäre, da es nunmehr die größten Schwierigkeiten macht, die verbindliche Unterschrift namens des minderjährigen Waisenkindes für den Lehrvertrag zu beschaffen. Ebenso verhält es sich mit Vormündern, welche ausgewandert sind, auf überseeischer Fahrt sich als Schiffsangestellte befinden, längere Freiheitsstrafen verbüßen u. s. w. Auch hier liegt es auf der Hand, wie nützlich es ist, wenn der Erziehungsbeirat seine Thätigkeit entfaltet. Es werden dann entsprechende Anträge an das Gericht gestellt, welche entweder die Verpflichtung eines neuen Vormundes oder die eines gerichtlichen Pflegers zum Abschlusse des Lehrkontraktes nach sich ziehen.

Aber auch da, wo normale Verhältnisse vorliegen, macht weder das Vorhandensein eines Vormundes eine Fürsorge seitens des Erziehungsbeirates überflüssig noch umgekehrt. Daß die Vormünder verschieden geartet sind, ist selbstverständlich. Die Klagen darüber, daß viele lässig in ihrer Amtsführung seien, sind alt und nicht überall unbegründet. Für solche Vormünder ist es gut, wenn sie von außen her einen Anstoß erhalten und durch jemand, der sich aus reiner Menschenfreundlichkeit des Mündels annimmt, an ihre Pflicht erinnert werden. Sie sind jedoch in der Minderheit. Die pflichttreue Mehrheit würde zwar auch ohne den Erziehungsbeirat ihre Schuldigkeit thun; das Geleistete würde aber nicht von derselben Güte sein, die sich mit dem Erziehungsbeirate erreichen läßt. Ein Verein kann eben mehr erringen als ein Einzelner. Die in der Vereinigung aufgesammelten Erfahrungen, sein Vermögen, seine Einrichtungen, besonders das Pflegerwesen, die fachmännischen Beistände, der Lehrstellennachweis, verbürgen eine ganz andere Sicherheit des Erfolges, als dies bei den Schritten eines einzelnen Vormundes der Fall ist. Das Zusammenwirken eines eifrigen Vormundes mit einem solchen Vereine wird imstande sein, hinsichtlich der Berufswahl und mancher anderer wichtiger Fragen vollen Ersatz für den dem Waisenkinde fehlenden Rat und Beistand des Vaters zu gewähren.

Was aber das Verhältnis zu dem Gemeindewaisenrate anlangt, so liegt dem Erziehungsbeirate nichts ferner, als in dessen Wirkungskreis einzugreifen und sich selbst eine amtsähnliche Stellung anzumaßen. Ganz im Gegenteil ist stets betont worden, daß der Erziehungsbeirat sich als eine „freiwillige Hilfstruppe" in den Dienst der amtlichen Gemeindewaisenräte stellt. Deshalb sind an deren Bezirke seine Bezirkausschüsse angegliedert worden, deshalb ist bestimmt, daß der Gemeindewaisenrat um den Vorsitz in der Berufswahlkonferenz zu ersuchen ist, deshalb wird in jeder Hinsicht ein gedeihliches Zusammenwirken mit den amtlichen Organen den Vereinspflegern zur Pflicht gemacht. Es werden darum auch gelegentlich den Gemeindewaisenräten Vorschläge geeigneter Vormünder auf deren Wunsch unterbreitet. Die Zahl der Mündel, welche jedem einzelnen Waisenratsmitgliede unterstellt sind, ist viel zu groß, als daß nicht die beamteten Personen jede in ihren Wirkungskreis sich eingliedernde Mitarbeit Anderer für die Waisen willkommen heißen sollten In Anerkennung der brauchbaren Unterstützung, welche der Erziehungsbeirat den amtlichen Stellen zu leisten vermag, sind einzelne Gemeindewaisenratsbezirke bereits in corpore dem Erziehungsbeirate als Mitglieder beigetreten. Viele ihrer einzelnen Beamten haben für ihre Person das Gleiche gethan, mehrere bekleiden Vorstandsämter in dem Vereine und wirken dort segensreich, indem sie namentlich auch darauf hinwirken, daß keinerlei Mißgriffe gegenüber der Verwaltung geschehen.

Man könnte einwenden: weshalb werden denn die Vereinspfleger nicht einfach selbst Gemeindewaisenratsmitglieder oder Vormünder und bethätigen auf diese Weise ihr Interesse für die Waisen? Weshalb viele sich nicht zu einem Amte drängen, ist zu bekannt, um wiederholt werden zu brauchen. Und es ist ein sehr bedeutender Unterschied zwischen der Thätigkeit des Vormundes und der eines Vereinspflegers. Letzterer übernimmt seine Verpflichtungen freiwillig, nicht gezwungen, nur auf wenige Jahre, nur gegenüber einem einzigen Pfleglinge, nur gegenüber einem solchen, der bereits in die Entwicklungsjahre eingetreten ist, und ohne alle Verbindlichkeiten gegenüber der Gerichtsbehörde. Man kann daher sehr wohl zu dieser Thätigkeit die größte Lust haben und es doch ablehnen, eine Vormundschaft zu übernehmen, sei es auch betreffs des nämlichen Schutzbefohlenen.

Was die Schwierigkeiten in der praktischen Durchführung des Programms des freiwilligen Erziehungsbeirates anbetrifft, so sind solche allerdings nicht ganz ausgeblieben. Allein sie waren nicht erheblich. Die Mütter der Waisenkinder hatten öfters kein Verständnis dafür, daß ihnen überhaupt Hilfe angeboten wurde, und zeigten auch Mißtrauen, daß dies doch wohl nicht selbstlos geschehe. Nur selten blieben sie jedoch verständigen Vorstellungen unzugänglich. Es ist mehrfach vorgekommen, daß sie die Fürsorge des Vereins abgelehnt und nach kurzer Zeit selbst den Pfleger aufgesucht und um seine Hilfe gebeten haben. Ein Ungeschick des Pflegers oder der Pflegerin könnte hier manches verderben. Mißgriffe werden sich freilich nicht völlig vermeiden lassen. Der Geist aber, der durch das Ganze weht, der Austausch der Erfahrungen, der in den großen Pflegerversammlungen und in den Bezirksausschüssen stattfindet, und die Menschenliebe, welche jeden Einzelnen zum Eintritt als Pfleger veranlaßt hat, schränken die Gefahr von Übelständen auf das denkbar kleinste Maß ein. Jedenfalls sind solche bis jetzt nicht zur Kenntnis des Arbeitsausschusses gelangt. Um noch mehr vorzubeugen, wird angestrebt, daß neu eintretende Pfleger und Pflegerinnen eine weitere besondere Anleitung erhalten sollen. Denn die sociale Hilfsarbeit darf nicht Personen, die hierfür ohne jede Vorbildung sind, anvertraut werden. Auch Pfleger zu sein, will gelernt werden. Vorläufig hat sich der Verein damit begnügen müssen, daß die Auswahl der Pfleger mit Sorgfalt auf Grund persönlicher Bekanntschaft erfolgt ist, und daß die Bestätigung der Übernahme der Pflegschaft durch den Arbeitsausschuß zu geschehen hat.

Mit den Gemeindewaisenräten herrscht durchweg gutes Einvernehmen. Nur einzelne unter ihnen verhalten sich noch abwartend. Eine principielle Gegnerschaft ist nicht in die Erscheinung getreten.

Mit den übrigen gemeinnützigen Vereinen ist von vornherein enge

Fühlung genommen worden, in erster Reihe natürlich mit solchen, deren Arbeit der Erziehungsbeirat fortsetzt, wie es bei Knaben- und Mädchenhorten u. s. w. der Fall ist, und mit solchen, welche gleichzeitig Fürsorge denselben Pfleglingen zuwenden, z. B. den Haushaltungs-, Fortbildungsschulen u. s. w. Es haben häufig gemeinsame Sitzungen mit Abgeordneten solcher Vereinigungen, Stiftungen u. s. w. stattgefunden und umgekehrt Abordnungen des Erziehungsbeirates in Sitzungen anderer Körperschaften zwecks Besprechung gemeinsamer Angelegenheiten; ebenso wechselseitige Überweisungen von Fällen der Fürsorge, die in das Arbeitsgebiet des anderen Vereines gehörten, und anderweite gegenseitige Unterstützungen. Deshalb wurde auch die Bewegung, welche eine Centralisation der Wohlfahrtsbestrebungen in den verschiedenen Stadtteilen Berlins anstrebt, mit Nachdruck gefördert.

Mit diesen Strichen soll das Bild des freiwilligen Erziehungsbeirates für schulentlassene Waisen als beendet betrachtet werden, eines Vereines, dessen Leitstern es ist, in Zusammenarbeit aller Stände, Glaubensrichtungen und Parteien der frühverwaisten und darum besonders gefährdeten Jugend Liebe zu erzeigen und ihr mit Rat und That in den Entwicklungsjahren zur Seite zu stehen. Da er manche alte Gedanken in neue Form gekleidet hat, ist es dem Deutschen Verein für Armenpflege und Wohlthätigkeit erwünscht gewesen, gerade über ihn eine ausführliche Schilderung zu erhalten. Dem gestellten Ersuchen wäre aber nicht voll genügt, wenn nicht noch einige weitere Bemerkungen angeschlossen würden.

Trotzdem bereits an zahlreichen Orten, sogar im Auslande, Menschenfreunde an der Arbeit sind, nach Berliner Muster einen Erziehungsbeirat zu begründen, und diese Bestrebungen sogar teilweise schon zum Ziele geführt haben, soll in keiner Weise prätendiert werden, daß der Berliner Verein vorbildlich sei oder sein solle. Es soll vielmehr im Gegenteile ausdrücklich zugestanden werden, daß er so, wie er ist, mit allen Einzelheiten in keine andere Stadt verpflanzt werden kann. Aber es wird andererseits nicht als eine Anmaßung hingestellt werden können, wenn behauptet wird, daß die Fürsorge für die schulentlassene Jugend durch die Vereinsgründung nicht ohne alle Förderung geblieben ist. Diejenigen Jugendfreunde aber, bei denen der Wunsch der Nachfolge schon rege geworden ist oder in Zukunft noch rege werden sollte, werden sich zu vergegenwärtigen haben, daß es ein anderes Ding ist, für die Verlassenen und Verwaisten der Großstadt zu sorgen, ein anderes, etwa für die gesamte heranwachsende Jugend eines kleinen Grenzstädtchens thätig zu werden. Wenn auch der Grundgedanke stets der gleiche sein wird, muß sich doch die Art der Ausführung ganz nach den Erfordernissen des Einzelfalles richten.

Wenn in der Großstadt die Trennung der Waisen von der übrigen Jugend geboten war, und auch in Mittelstädten hieran festzuhalten sein wird, läßt sich in kleineren Städten die Fürsorge gleichzeitig für verwaiste und nichtverwaiste Jugendliche von einer Stelle aus durchführen. Wenn in Berlin eine offizielle Beteiligung des Gemeindewaisenrates ausgeschlossen bleiben mußte, wird sie sich an anderen Orten vielleicht empfehlen. Es könnte sehr wohl der Gemeindewaisenrat Männer und Frauen der Stadt veranlassen, als Gemeindewaisenratspfleger eine solche Thätigkeit zu entwickeln, wie sie die Vereinspfleger des Erziehungsbeirates ausüben, und sie unter einander zu Gruppen vereinigen, welche zu ihm etwa in demselben Verhältnisse stehen wie die Bezirksausschüsse des Erziehungsbeirates zu dessen Arbeitsausschüsse. Auf dem platten Lande würde, insoweit hier überhaupt Ansätze zur Fürsorgethätigkeit sich weiterbilden lassen, eine andere Ausgestaltung kaum möglich sein, als daß der Gemeindevorsteher oder der Waisenrat die wenigen in Betracht kommenden Personen unter seiner unmittelbaren Leitung zu Diensten an einzelnen bestimmten Jugendlichen heranzöge. Überall wird die Organisation den lokalen Bedingungen sich anzupassen haben. Ein Abschreiben der Satzungen eines Ortes für einen anderen wäre höchst unüberlegt und von vornherein ein Zeichen nicht genügenden Verständnisses für die Eigenart der Aufgabe.

Es wäre auch nicht ausgeschlossen, daß die Fürsorge von konfessionellen Körperschaften organisiert würde. Allerdings würde dies voraussetzen, daß die verschiedenen Glaubensgemeinschaften gleichzeitig in übereinstimmender Weise vorgingen. Das ist schwer zu erreichen und an sich auch wenig wünschenswert. Das Arbeitsfeld des Jugendschutzes ist ein solches, auf dem sich die Religionen nicht zu trennen, sondern zu vereinigen haben. Die Berliner Erfahrungen haben gelehrt, daß katholische Priester, evangelische Geistliche und jüdische Rabbiner im Vorstande ersprießlich nebeneinander arbeiten können und sich mit gleichem Eifer unter Hintenansetzung aller kirchlicher Sonderinteressen einer Sache widmen, die sich in den Dienst der Menschlichkeit gestellt hat.

Finden auf diese Weise die Grundsätze, deren Befolgung der Berliner freiwillige Erziehungsbeirat für schulentlassene Waisen anstrebt, eine Anwendung in anderen Orten, so wird zweifellos eine große Gewähr für die Besserung der Bedingungen geboten werden, unter welchen sich das Heranwachsen der deutschen Jugend vollzieht. Der Verwahrlosung, der Verkommenheit, der Verrohung wird niemals voll gesteuert werden können, aber doch vielfach mit Erfolg Abbruch gethan werden. Mancher Jüngling und manches Mädchen, das man heute mit Sicherheit als Rekruten des großen Heeres der Bettler und der Landstreicher, der Strolche und der Arbeitsscheuen, der Prostituierten und der Verbrecher bezeichnen kann, wird auf dem rechten Pfade erhalten und vor dem Versinken in Schande, Laster und sträflichen Lebenswandel bewahrt bleiben. Allerdings kann und wird es sich auch ereignen, daß Pfleglinge, denen sich die Jugendfürsorge zugewendet hat, trotzdem sinken und verkommen. Es wird dann auch nicht ausbleiben, daß ein Sturm der Entrüstung sich gegen diejenigen erhebt, welche sich uneigennützig der Sache der Volkserziehung und insbesondere des Jugendschutzes ergeben haben, und daß die getroffenen Einrichtungen als unzulänglich öffentlich bezeichnet werden. Das darf aber von dem Betreten des vorstehend gekennzeichneten Weges und von dem Verharren auf ihm nicht abhalten. Ein Mißerfolg wird durch hundert im Stillen gereifte gute Ergebnisse wett gemacht werden. Und wäre das Verhältnis selbst umgekehrt, so dürften wir nicht rasten und nicht ruhen, dankbar dafür, daß es überhaupt gelang, Heranwachsende vor sittlichem Niedergange zu erretten, und wohlbewußt der Be=

deutsamkeit, welche jedem Einzelerfolge auf diesem Gebiete zum Wohle des Ganzen innewohnt.

Es wäre nicht zutreffend, wenn aus den vorstehenden Darlegungen gefolgert werden sollte, daß damit der Standpunkt als gerechtfertigt betrachtet würde, welcher an der Zukunft des deutschen Volkes bereits verzweifelt. Ein Pessimist dieser Art würde wohl kaum ein Werk wie den freiwilligen Erziehungsbeirat mit in das Leben gerufen haben. Im Gegenteile: unser deutsches Volk und auch seine Jugend ist im Kerne gut und gesund, sogar vortrefflich. Aber der Prozentsatz derer, welche nicht mehr auf der breiten Straße marschieren, welche sich teils von ihr selbst verirren, teils geradezu angehalten werden, Irrwege einzuschlagen, wächst in einer unerfreulichen Weise. Und die sittliche Gefährdung der abseits Wandelnden gefährdet ihrerseits wiederum das Gesamtwohl. Deshalb muß eingegriffen und die Jugend auf den Weg gewiesen werden, dessen Innehalten zur gedeihlichen Entwicklung des socialen Getriebes erforderlich ist. Dafür ist nur zweierlei notwendig: Liebe und eigne Arbeit!

Es ist dem entgegengehalten worden, daß alle erziehlichen und alle sonstigen auf ethischem Gebiete liegenden Bemühungen nutzlos bleiben müssen, so lange nicht die ökonomischen Verhältnisse eine gründliche Besserung erfahren. In die Erörterung dieser Frage braucht kaum eingetreten zu werden. Gewiß ist es mit Freuden zu begrüßen, wenn die Lebensbedingungen ganzer Stände aufgebessert werden; gewiß ist anzuerkennen, daß in dieser Hinsicht noch manche erfüllbare und doch unerfüllte Wünsche zu hegen sind. Es soll mit der Billigung der darauf gerichteten verständigen Bestrebungen nicht zurückgehalten und ihnen Erfolg gewünscht werden. Trotzdem braucht aber die Volkserziehung mit ihren Fortschritten nicht zu warten, bis irgendwelche, von jedem Einzelnen anders umgrenzte wirtschaftliche Errungenschaften erstritten sind. Und es sind auch letztere in keiner Weise irgendwie eine Vorbedingung für erstere. Die Jugendfürsorge hat ihre klar vorgeschriebene Aufgabe, mag die Lebensführung und der Durchschnitt der den niederen Erwerbsklassen zu Gebote stehenden wirtschaftlichen Güter — oder, wenn man es so lieber will: der Durchschnitt ihrer Entbehrungen — gerade die im derzeitigen Augenblicke vorhandenen oder minder oder höher sein. Darum warte man nicht unthätig, bis das oder jenes erst in der Nation besser geworden und irgendwelche sociale Träume oder Hoffnungen verwirklicht worden, sondern greife unbeirrt fest zu und gehe frisch und freudig ans Werk. Eine Reform wird dann, wie es noch je gewesen, auch andere fördern. Die Fürsorge für die Jugendlichen aber wird gut thun, einen bisher mehr vernachlässigten Zweig weiter auszubilden, indem sie sich nachhaltiger, als jetzt insgemein geschieht, den Schulentlassenen zuwendet. Letztere sind so weit entwickelt, daß jeder auf sie einbringende Einfluß leicht eine entscheidende Wendung für das ganze zukünftige Leben hervorzurufen vermag. Und andererseits entbehren sie der Erfahrungen, der Urteilskraft und der inneren Selbständigkeit, um ohne kräftigen Beistand das ihnen Nützliche treffen zu können. Die für sie aufgewendete Arbeit muß zum Heile unseres geliebten deutschen Vaterlandes herrliche Früchte zeitigen!

Es wird deshalb dem Deutschen Verein für Armenpflege und Wohlthätigkeit die Annahme folgender Sätze empfohlen:

I. Die Fürsorge für die schulentlassene Jugend ist mehr als bisher zu bethätigen; in erster Reihe ist sie den Verwaisten und Verlassenen zuzuwenden. Es empfiehlt sich für sie ein gemeinsames Vorgehen ohne Unterschied der Glaubensgemeinschaft, der Partei oder des Berufes.

II. Die Fürsorge ist auf dem Pflegersysteme aufzuerbauen und durch persönliche Thätigkeit auszuüben. Es ist wünschenswert, mit ihr wirtschaftliche Unterstützung von Pfleglingen, deren Bedürftigkeit und Würdigkeit durch genaue Sachuntersuchung festgestellt ist, zu verbinden, namentlich wenn es sich um Kräftigung der Gesundheit und Förderung in der beruflichen Ausbildung handelt.

III. Die Fürsorge hat sich auf Mitwirkung bei der Berufswahl, Ermittelung geeigneter Lehr-, Dienst- und Arbeitsstellen, Förderung des Wohles der Pfleglinge in sittlicher, geistiger, körperlicher und wirtschaftlicher Hinsicht und deren sonstige liebevolle Beratung und thatkräftige Unterstützung während mindestens vier, auf den Austritt aus der Schule folgenden Jahren zu erstrecken.

Anhang.

I. Satzungen des freiwilligen Erziehungsbeirates für schulentlassene Waisen.

§ 1. Der am 21. Januar 1896 zu Berlin unter dem Namen: „freiwilliger Erziehungsbeirat für schulentlassene Waisen" begründete Verein hat die sittliche und wirtschaftliche Förderung der Waisen Berlins in den auf ihren Austritt aus der Schule folgenden Jahren zu seinem Zwecke.

§ 2. Unter Waisen werden Kinder verstanden, welche entweder ihren Vater oder beide Eltern verloren haben oder außer der Ehe geboren oder dauernd von ihrem Vater verlassen sind.

§ 3. Mitglied des Vereins können erwachsene Personen beiderlei Geschlechtes ohne Unterschied des Berufes, der Partei und des Glaubensbekenntnisses, sowie Personenvereinigungen, Behörden und Körperschaften werden.

§ 4. Erworben wird die Mitgliedschaft durch die ausdrückliche Erklärung des Beitrittes als

 a. Pfleger oder Pflegerin,
 b. fachmännischer Beistand,
 c. zahlendes Mitglied,
 d. immerwährendes Mitglied.

§ 5. Die Mitglieder haben gleiche Rechte hinsichtlich aller Einrichtungen des Vereins. Frauen sind zur Bekleidung jedes Amtes im Vereine befugt. In den Hauptversammlungen steht jedem Mitgliede, im Vorstande jedem Angehörigen desselben eine Stimme zu, deren Übertragung an eine andere Person unzulässig ist.

§ 6. Die Pfleger und Pflegerinnen, deren Wirkungskreis möglichst an den der Waisenräte anzugliedern ist, verpflichten sich, zur Erreichung der Ziele des Vereins nach Maßgabe einer besonderen Pflegerordnung thätig zu werden. Insbesondere haben sie bei der Berufswahl der ihnen überwiesenen Waisen und bei der Unterbringung dieser in dem erwählten Berufe mitzuwirken, die Waisen zu überwachen, über deren Arbeitgeber sich zu unterrichten, gute Beziehungen zwischen diesen und ihren Pfleglingen anzubahnen, letzteren mit Rat und That beizustehen und an den Vorstand kurz zu berichten.

§ 7. Jeder fachmännische Beistand hat betreffs seines eigenen Berufes dem Vorstande und dessen Mitgliedern auf Fragen, die im Interesse der Waisen an ihn gerichtet werden, Auskunft zu erteilen und in Angelegenheiten seines Faches die Pfleger und Pflegerinnen auf Ansuchen zu unterstützen.

§ 8. Die zahlenden Mitglieder entrichten einen Jahresbeitrag von beliebiger Höhe, mindestens jedoch von 3 Mark an die Vereinskasse.

§ 9. Die immerwährenden Mitglieder zahlen einen einmaligen Beitrag von mindestens 100 Mark.

§ 10. Die Mitgliedschaft geht verloren:
  a. durch ausdrückliche Austrittserklärung,
  b. für zahlende Mitglieder durch zweimale Nichtentrichtung des Jahresbeitrages,
  c. durch Beschluß der Hauptversammlung auf Antrag des Vorstandes.

§ 11. Die Verwaltung des Vereins geschieht durch einen Vorstand und die Hauptversammlung. Beide können für ihren Wirkungskreis Kommissionen einsetzen, zu denen auch andere Personen als Vorstandsmitglieder gewählt werden dürfen.

§ 12. Der Vorstand wird durch die Hauptversammlung auf die Dauer von drei Jahren, beginnend am 1. April, gewählt. Alljährlich scheidet dasjenige Drittel aus, dessen drittes Vorstandsjahr abläuft. Wiederwahl ist zulässig.

Die ersten Wahlen erfolgen für die Zeit vom 21. Januar 1896 bis 31. März 1899. In den Jahren 1897 und 1898 bestimmt das Los, wer aus dem Vorstande auszuscheiden hat.

§ 13. Der Vorstand besteht aus:
  a. einem Ehrenpräsidenten,
  b. einem Vorsitzenden und drei stellvertretenden Vorsitzenden,
  c. einem Schriftführer und drei stellvertretenden Schriftführern,
  d. einem Schatzmeister und einem stellvertretenden Schatzmeister,
  e. 100 Beisitzern.

§ 14. Die im § 13 zu a bis e Genannten und mindestens 20 Beisitzer bilden den Arbeitsausschuß.

§ 15. Eine besondere Geschäftsordnung regelt die Verteilung der Geschäfte unter die einzelnen Vorstandsmitglieder.

§ 16. Der Arbeitsausschuß erledigt die laufenden Geschäfte des Vereins. Er tritt nach Bedürfnis zusammen, thunlichst mindestens einmal im Monate.

§ 17. Der Ehrenpräsident ist befugt, alle Rechte des Vorsitzenden auszuüben. Letzterem stehen dann nur die Rechte eines stellvertretenden Vorsitzenden zu.

§ 18. Der Vorsitzende vertritt den Verein nach innen und nach außen, insbesondere auch vor Gericht. Durch Schriftstücke, welche er namens des Vereins unterzeichnet, verpflichtet er den Verein dritten Personen gegenüber.

§ 19. Der Schriftführer erledigt alle schriftlichen Arbeiten des Vereins.

§ 20. Der Schatzmeister vereinnahmt die Einkünfte des Vereins, verwaltet die Kasse und das Vereinskapital und leistet Zahlungen auf Anweisung des Vorsitzenden.

§ 21. Die Stellvertreter treten im Falle der Behinderung des von ihnen Vertretenen der Reihe nach an dessen Stelle.

§ 22. Die Beiträge der immerwährenden Mitglieder, sowie die einmaligen Zuwendungen von 100 Mark an und die zu Zwecken der laufenden Verwaltung nicht erforderlichen Kassenbestände sind mündelsicher anzulegen. Diese Beträge bilden das Vereinskapital; ihre Zinsen sind zu Vereinszwecken zu verwenden.

§ 23. Der Gesamtvorstand tritt mindestens zwei Mal im Jahre zusammen. Ihm liegt die Prüfung der Geschäftsführung des Arbeitsausschusses, sowie die Beschlußfassung in Fragen von principieller Bedeutung ob. Eine Verminderung des Vereinskapitals bedarf seiner Zustimmung.

§ 24. Die Hauptversammlung tritt mindestens einmal im Jahre zusammen. Ihr ausschließlich liegt die Prüfung der Geschäftsführung des Gesamtvorstandes ob, sowie die Erteilung der Entlastung an den Arbeitsausschuß, insbesondere den Schatzmeister und dessen Stellvertreter, die Neuwahl des Vorstandes, endlich die Beschlußfassung über die Ausschließung eines Mitgliedes und über die Abänderung der Satzungen des Vereins.

§ 25. Für die Vereinsverwaltung sind außer den Bestimmungen der Geschäftsordnung folgende Grundsätze maßgebend.

§ 26. Der Vorsitzende bestimmt für die regelmäßigen Sitzungen des Arbeitsausschusses im voraus die Sitzungstage. Zu sonstigen Sitzungen werden die Mitglieder des Arbeitsausschusses schriftlich eingeladen; ebenso zu allen Sitzungen des Gesamtvorstandes dessen Mitglieder. Die Einberufung zu den Hauptversammlungen geschieht durch Veröffentlichungen in dem Berliner Lokalanzeiger, der Nationalzeitung, der Post, dem Berliner Tageblatte und der Vossischen Zeitung.

Geht eins der genannten Blätter ein, so bestimmt der Arbeitsausschuß, welches an seine Stelle treten soll.

§ 27. Der Vorsitzende muß eine außerordentliche Sitzung des Arbeitsausschusses, bezw. des Gesamtvorstandes einberufen, wenn drei, bezw. sieben Angehörige dieser Körperschaften es unter Angabe der Tagesordnung beantragen, eine außerordentliche Hauptversammlung aber, wenn dreißig Mitglieder in gleicher Weise beantragen.

§ 28. In allen ordnungsmäßig anberaumten Sitzungen ist der Arbeitsausschuß beschlußfähig, wenn drei, der Gesamtvorstand, wenn sieben Mitglieder anwesend sind. Die Beschlußfähigkeit der Hauptversammlung ist unabhängig von der Zahl der Erschienenen; ebenso, falls darauf in der Einberufung hingewiesen worden ist, die Beschlußfähigkeit derjenigen Sitzung des Arbeitsausschusses oder Gesamtvorstandes, welche auf eine beschlußunfähige folgt.

§ 29. Die Abstimmung erfolgt durch einfache Stimmenmehrheit. Bei Stimmengleichheit giebt die Stimme des Ehrenpräsidenten, eventuell die Stimme des die Versammlung leitenden Vorsitzenden den Ausschlag.

Zur Ausschließung eines Mitgliedes und zur Abänderung der Satzungen ist Zweidrittelmehrheit der abstimmenden Mitglieder erforderlich.

§ 30. Kann oder will ein Mitglied des Arbeitsausschusses sein Amt nicht antreten oder fortführen, so sind die übrigen berechtigt, ein anderes aus den Beisitzern an seine Stelle für die Dauer von dessen Wahlperiode zu wählen. Ebenso kann sich der Gesamtvorstand aus den Mitgliedern ergänzen.

§ 31. Die Auflösung des Vereins kann nur in einer Hauptversammlung mit drei Vierteln der Stimmen aller anwesenden Mitglieder beschlossen werden, nachdem zuvor in einer anderen Hauptversammlung mit Zweidrittelmehrheit der Abstimmenden beschlossen worden ist, die Auflösung des Vereins auf die Tagesordnung der nächsten Hauptversammlung zu setzen.

Wird die Auflösung des Vereins beschlossen, so fällt sein Vermögen, auf dessen anteilsweise Auszahlung niemals ein Mitglied ein Recht erhält, an die Stadt Berlin, von welcher erwartet wird, daß sie das bisherige Vereinsvermögen durch ihre Waisenverwaltung im Sinne dieser Satzungen verwenden wird.

Berlin, am 21. Januar 1896.

II. Große Pflegerordnung.

1. Allgemeine Grundsätze.

Die Pfleger und Pflegerinnen sind freiwillige Hilfskräfte der öffentlichen Waisenpflege und haben als ausführende Organe des freiwilligen Erziehungsbeirates für schulentlassene Waisen die Aufgabe, gemäß nachstehenden Bestimmungen und etwa noch zu erlassenden besonderen Anleitungen des Arbeitsausschusses in engster Zusammenarbeit mit den Gemeindewaisenräten, der Schule, den Vormündern, den Verwandten der Waisen, den Arbeitgebern sowie den ähnliche Bestrebungen verfolgenden Vereinen zu wirken. Insbesondere sollen sie eine für die Waisen geeignete berufliche Ausbildung herbeiführen und in den auf den Austritt aus der Schule folgenden ersten Jahren, jedenfalls bis zur Beendigung der Lehrzeit, den Verwaisten in allen Lebenslagen mit liebevollem Rat und thatkräftiger Hilfe zur Seite zu stehen. Sie haben, falls von anderer Seite eine ausreichende Fürsorge bereits gewährt wird, sich des Eingreifens zu enthalten und nur da einzutreten, wo die anderweiten Bemühungen ihre Grenze finden.

In Angliederung an die bestehenden Gemeindewaisenräte schließen sich die Pfleger und Pflegerinnen eines Waisenratsbezirkes zu einem Bezirksausschusse unter einem selbstgewählten Vorsitzenden zusammen. In besonderen Fällen ist mit Genehmigung des Arbeitsausschusses eine Vereinigung der Pfleger und Pflegerinnen mehrerer Waisenratsbezirke zu einem einzigen Bezirksausschusse zulässig. Die Zahl der zu einem solchen gehörenden Personen ist so zu bemessen, daß auf jede von ihnen höchstens vier Pfleglinge kommen. Jedem Pfleger und jeder Pflegerin ist es freigestellt, zu bestimmen, wie viele Pfleglinge sie übernehmen wollen, namentlich auch ihre Thätigkeit auf ein einziges Waisenkind zu beschränken.

Die Wahlen der Pfleger erfolgen sowohl durch den Bezirksausschuß selbst, als auch durch den Arbeitsausschuß; letzterem steht jedoch in allen Fällen die Bestätigung zu.

Es ist die Wahl auf solche Personen zu lenken, welche durch ihre Stellung und ihre ganze Persönlichkeit die Gewähr bieten, daß ihre Einwirkung auf die Pfleglinge eine heilsame sein wird.

Die Fürsorge eines Bezirksausschusses erstreckt sich auf sämtliche schulentlassene Waisen (Vollwaisen, vaterlose, uneheliche und dauernd von ihrem Vater verlassene Kinder), welche im Bezirk ihre Wohnung haben.

Ist die Arbeitsstätte zu weit von der Wohnung des Pflegers entfernt, so wird das Lehrverhältnis als solches auch von demjenigen Bezirksausschusse beaufsichtigt, in dessen Bezirk die Arbeitsstelle liegt; in diesem Falle ist eine Verständigung zwischen den betreffenden Bezirksausschüssen dringend erforderlich. Erscheint die Fürsorge für einen Jugendlichen notwendig, für welchen der Erziehungsbeirat nach seinen Satzungen nicht eintritt, so ist dessen Überweisung an einen anderen Verein, erforderlichenfalls durch Vermittelung des Arbeitsausschusses, herbeizuführen.

2. Aufgaben der Pfleger.

Die hauptsächlichsten Aufgaben der Pfleger und Pflegerinnen sind folgende:

a. die Leitung der Berufswahl der im Bezirk zur Entlassung aus der Schule kommenden Waisen;

b. die Ermittelung geeigneter Lehr- und Arbeitsgelegenheiten jeglicher Art und Bekanntgabe derselben an den Lehrstellennachweis des freiwilligen Erziehungsbeirates;

c. die sorgfältige Überwachung, liebevolle Beratung und thatkräftige Unterstützung der ihnen zur Fürsorge übergebenen Jugendlichen, sowie die Anbahnung guter Beziehungen zwischen Arbeitgeber, Pfleger und Pfleglingen.

a. Leitung der Berufswahl.

Bereits im April, bezw. Oktober werden durch Unterstützung der Rektoren der Gemeindeschulen unter Benutzung des Formulars A. diejenigen Waisenkinder ermittelt, welche mit Ablauf des Schuljahres ihre Schulzeit beendigen.

Die Berufswahl erfolgt in einer von dem Waisenrate, und falls dieser seine Mitwirkung ablehnt, von dem Vorsitzenden des Bezirksausschusses zu berufenden Konferenz, zu welcher die Waisenräte, die Schulkinder, die Klassenordinarien der unterzubringenden Waisen, die Mütter oder sonstige Verwandte derselben, die Vormünder, alle Pfleger des Bezirks und die übrigen beteiligt erscheinenden Personen einzuladen sind, und in welcher auch ein Mitglied des Vorstandes des Erziehungsbeirates Sitz und Stimme hat.

Die Wahl des Berufes ist so zu leiten, daß dabei

α. die gesellschaftliche Stellung des Kindes,

β. die Vermögenslage,

γ. die besondere Neigung und Anlage und

δ. die sonstigen persönlichen Verhältnisse desselben in gebührender Weise zur Berücksichtigung kommen.

Das Ergebnis, welches in das „Berufsjournal" einzutragen ist, wird dem Arbeitsausschuß mitgeteilt. Letzterer übernimmt den Nachweis einer Stelle für diejenigen Waisen, welche durch den Bezirksausschuß in dem gewählten Beruf nicht untergebracht werden können.

Im einzelnen ist folgendes zu beachten.

Das Waisenkind soll durch Ausbildung zu einem geeigneten Beruf einer auskömmlichen Lebensstellung zugeführt werden. Hierbei ist zunächst in Betracht zu ziehen, welcher Gesellschaftsklasse die Eltern, bezw. die Mutter desselben angehört. Ein Herabsinken unter diesen Stand soll vermieden, ein unverhältnismäßiges Sicherheben über ihn nur in besonderen Ausnahmefällen gefördert werden. Ferner sind die vorhandenen Vermögensverhältnisse zu berücksichtigen; es muß durch das Vermögen des Kindes, durch Beihilfe seiner Familie und anderer Privatpersonen, durch Unterstützung der Waisenverwaltung und erst in letzter Linie durch Zuschüsse seitens des Erziehungsbeirates der Lebensunterhalt für die Lehrzeit gesichert sein.

Einer besonderen Neigung des Kindes ist Rechnung zu tragen, jedoch nicht ohne Vorsicht; namentlich ist zu erwägen, ob die Anlagen und Fähigkeiten mit dieser Neigung in Einklang stehen.

Hinsichtlich der sonstigen persönlichen Verhältnisse des Pfleglings kommen in Betracht: dessen sittlicher, geistiger und körperlicher Zustand.

1. Sittlicher Zustand. Derselbe ist festzustellen durch Erkundigung über die Familie, besonders Eltern und Geschwister, sowie über diejenigen Personen, von denen das Kind erzogen wurde, und durch Erforschung des Kindes selbst.

Bei letzterem ist das Vorleben des Kindes nach Möglichkeit zu ermitteln, ferner ist das mündliche Urteil des Lehrers, die Schulcensur des Kindes und die eigene Beobachtung desselben von Bedeutung.

2. Geistiger Zustand. Auch hier ist das Urteil des Lehrers und Einsicht in die Schulzensuren wichtig, ferner das Urteil der Umgebung und die eigene Unterhaltung mit dem Kinde. Bei mangelhafter geistiger Entwickelung muß, erforderlichenfalls unter Hilfe des Arztes, der Grad des Schwachsinns festgestellt werden, sowie ferner, ob etwa in einer bestimmten Richtung eine bessere Befähigung besteht.

3. Körperlicher Zustand. Dieser ist bei der Berufswahl sorgfältig zu prüfen. Hierzu ist nötig: 1. Kenntnis der in der Familie, bezw. in der häuslichen Umgebung bestehenden Krankheitszustände; besonders kommen die Eltern und Geschwister in Betracht; 2. Kenntnis, soweit möglich, der Krankheiten, welche das Waisenkind bereits durchgemacht hat; 3. Kenntnis des augenblicklichen Gesundheitszustandes. Dieselbe ist durch Nachfrage bei der Umgebung des Kindes und dem Kinde selbst zu erlangen, entweder in den ärztlichen Untersuchungsbogen einzutragen oder dem Arzt mündlich zu übermitteln; Erscheinungen wie häufigere Kopfschmerzen, Krämpfe, Bettnässen u. s. w. sind nicht zu vernachlässigen. Hierauf ist eine genaue Untersuchung durch den vom Arbeitsausschuß benannten Arzt zu veranlassen; ein Erwachsener, welcher über das Kind Auskunft zu geben vermag, soll hierbei anwesend sein. Ist der Gesundheitszustand ein besonders ungünstiger, so wird unter Umständen, namentlich, wenn die Kinder zu Ostern abgehen, eine

Kräftigung durch Aufenthalt auf dem Lande oder an der See anzubahnen sein.

Die Art des zu erwählenden Berufs hängt von dem besonderen Fall ab; beispielsweise dürfen Knaben mit Krämpfen nicht Bauarbeiter, Kutscher und dergleichen, Mädchen mit Krämpfen nicht Köchinnen oder Kindermädchen, Kinder mit nur einem Auge oder mit geschwächter Sehkraft nicht Maurer, Steinmetz, Sattler, Lederarbeiter oder Präcisionsarbeiter, Kinder mit hochgradiger Skrofulose, mit Verdacht auf Tuberkulose oder mit Tuberkulose in der näheren Familie nicht Fabrikarbeiter, Maschinenarbeiter, Töpfer, Schmiede, Maurer oder Bäcker werden. Es ist im Einzelfall darauf zu achten, daß die Räumlichkeiten, in welche das Waisenkind kommt, nicht eng und staubig sind; auch bei Unterbringung der Mädchen sind die betreffenden Arbeitsstuben vorher zu besichtigen.

Vorstehende allgemeine Grundsätze sind im Einzelfalle entsprechend zur Anwendung zu bringen; namentlich sind sie bei Verwahrlosung oder Schwachsinn des Kindes abzuändern. Verwahrlosung erfordert Unterbringung des Kindes an einem Orte und in einem Berufe, in welchem das Kind den bisherigen schädigenden Einflüssen entzogen wird; eine besonders zuverlässige Familie oder gute Anstalt ist auszuwählen, welche nachträgliche Erziehung des Waisenkindes verbürgt, und Berufe sind zu meiden, bei denen der Pflegling mit vielen Altersgenossen ohne genügende Beaufsichtigung verkehrt; geeignetenfalls ist eine Unterbringung außerhalb Berlins in Erwägung zu ziehen.

Schwache Begabung, welche sehr häufig ist, muß sorgfältig berücksichtigt werden; hier eignet sich kein schwieriger oder verantwortungsvoller Beruf. Für Mädchen ist eine einfachere Beschäftigung im Hause, für Knaben ein einfaches Handwerk zu wählen. Schlimmstenfalls ist das Kind in eine Anstalt für Schwachsinnige zu bringen, wo es unter Umständen durch Unterricht noch gefördert werden kann.

b. Ermittelung der Lehrstellen.

Die Ermittelung guter Lehrstellen und Dienstherrschaften ist eine weitere Aufgabe der Pfleger und Pflegerinnen.

Nur wenn nach gewissenhafter Prüfung der obwaltenden Verhältnisse, insbesondere der sittlichen Tüchtigkeit und technischen Leistungsfähigkeit des Arbeitgebers die Überzeugung gewonnen worden, daß dem Lehrlinge eine zweckentsprechende berufliche Ausbildung und Erziehung, bezw. Verpflegung gewährleistet sein wird, ist unter Benutzung eines Fragebogens die Lehrstelle — möglichst einige Wochen oder Monate vor dem Lehrantritt — bei dem Lehrstellennachweis anzumelden.

Die Angabe der Lehrziele wird bei manchen Betrieben notwendig, die definitive Vereinbarung der Lehrbedingungen in jedem Falle unerläßlich sein, für letztere wird sich im allgemeinen die Schriftform empfehlen. In geeigneten Fällen ist auf eine Gewährung von Erleichterungen der Lehrbedingungen, sei es durch Abkürzung der unentgeltlichen Lehrzeit, sei es durch Erwirkung eines höheren Kostgeldes oder anderer Vergünstigungen, Bedacht zu nehmen.

Ein Hauptaugenmerk ist auf die Ermittelung solcher Lehrherren zu richten, die dem Lehrling Wohnung, Kost und Kleidung geben. Die für den Lehrling bestimmten Schlaf- und Wohnräume sind in solchen Fällen einer gewissenhaften Prüfung zu unterziehen; auch ist darauf Bedacht zu nehmen, ob nicht etwa die Persönlichkeit von Mitbewohnern, namentlich von Schlafburschen, die Unterbringung als unthunlich erscheinen läßt.

Ausdrücklich ist zu vereinbaren, daß der Lehrherr dem Lehrling den regelmäßigen Besuch einer geeigneten Fortbildungsanstalt gestattet und in erfolgreicher Weise kontrolliert, daß er den Pflegern und Pflegerinnen erwünschte Auskünfte erteilt und gute Beziehungen zu dem Verein unterhält, sowie daß eine Entlassung aus dem Lehr- oder Dienstverhältnisse ohne Beendigung der Ausbildung nur nach voraufgegangener Verhandlung mit dem Arbeitsausschuß eintreten soll.

Bei der Ermittelung der Lehrstellen haben sich die Pfleger nicht bloß auf ihren Bezirk — auch nicht einmal auf Berlin — zu beschränken. — Mit den großen Betrieben und ersten Firmen Berlins wird in dem Sinne zu verhandeln sein, daß sie dem Verein regelmäßig einen Prozentsatz ihrer Stellen unter Vorbehalt der Auswahl bei jedem Einstellungstermin zur Verfügung halten.

Für die Unterbringung der schulentlassenen Waisenmädchen werden noch folgende besondere Grundsätze Berücksichtigung finden müssen.

Es ist thunlichst bei jedem Waisenmädchen sowohl für eine hauswirtschaftliche als auch für eine gewerblich-berufliche Ausbildung Sorge zu tragen. Welche von beiden zuerst zu beginnen hat, und bis zu welcher Vollkommenheit jede zu bringen ist, hängt von dem besonderen Fall ab.

Immerhin aber wird es sich empfehlen, daß ein gewerblich thätiges Mädchen zu irgend einer Zeit eine haushälterische Anleitung, z. B. in einer Kochschule, empfängt, und ein im Haushalt beschäftigtes irgend einen gewerblichen Beruf, z. B. Schneiderei, Putz auf einer Fortbildungsschule, erlernt.

Die hauswirtschaftliche Ausbildung steht in erster Linie, da hiervon die Gestaltung einer etwa später zu begründenden eigenen Haushaltung in hervorragender Weise abhängt.

Wenn vorher nicht eine grundlegende Anweisung in dieser Richtung im elterlichen Hause oder auf einer Haushaltungsschule stattgefunden hat, dann sind diese Mädchen in solche Familien zu bringen, in welchen sie, als Lehrmädchen betrachtet, von einer mitarbeitenden Hausfrau oder einer erfahrenen Wirtschafterin in liebevoller Weise angeleitet werden. Länger andauernde Kontrakte sind anzustreben.

Die gewerblich-berufliche Ausbildung ist so zu leiten, daß sie nicht bloß dem augenblicklichen Broterwerbe dient, sondern daß auch später auf sie zurückgegriffen werden kann.

Dabei ist in allen Fällen auf eine regelrechte Lehrzeit unter gewissenhafter Leitung und in guten Geschäften hinzuwirken.

Ein häufiger Stellenwechsel ist thunlichst zu vermeiden.

c. Fürsorge während und nach der Lehrzeit.

Die Fürsorge umfaßt die ersten auf den Austritt aus der Schule folgenden Jahre und zwar im allgemeinen mindestens vier. Sie erstreckt sich auf das moralische, geistige und körperliche Wohl der Pfleglinge und muß gleichfalls im Einverständnisse mit den im Abschnitt I genannten Behörden und Personen, namentlich auch den Verwandten, erfolgen.

a. Die sittliche Förderung erfordert Vermeidung schlechter Einwirkung innerhalb des Berufes, Anschluß an die Familie, Überwachung des Umgangs, der Vergnügungen und der Beschäftigungen außer dem Hause und dergleichen. Eine Beaufsichtigung des Schlafstellenwesens ist notwendig.

b. Es ist Sorge zu tragen, daß der Pflegling die ihm zugedachte Beschäftigung und eine sachgemäße Ausbildung in den Arbeiten seines Gewerbes erhält, sowie daß seine Kräfte nicht in ungebührlicher Weise ausgebeutet werden.

Daneben ist für den regelmäßigen Besuch der bestehenden gewerblichen und wissenschaftlichen Fortbildungsanstalten und Haushaltungsschulen bei Knaben und Mädchen mit Nachdruck einzutreten und zusammen mit dem Arbeitgeber eine wirkungsvolle Kontrolle herbeizuführen.

Fleißige Benutzung guter, auch gewerblicher Lektüre, Besuch anregender Versammlungen, Anschluß an Turn= und Gesangvereine wird unter Berücksichtigung der Individualität des Zöglings zu empfehlen sein.

Durch freundliche Ratschläge ist das wirtschaftliche Talent zu wecken und Sparsamkeit in der rechten Weise zu fördern.

Wo es angängig ist, sollen sonntägliche Zusammenkünfte der Pfleglinge unter Aufsicht von Mitgliedern des Bezirksausschusses oder befreundeter Vereine ins Leben gerufen werden.

c. Es ist einer übermäßigen Arbeitszeit vorzubeugen, auf das Vorhandensein günstiger räumlicher Arbeitsverhältnisse und gesunder Wohn= und Schlafräume zu achten. Die Ernährung sei dem Alter entsprechend, die Kleidung ausreichend. Winke für Anschaffung und Reparatur derselben werden die Unerfahrenen vor unzweckmäßiger Verwendung ihres Verdienstes schützen.

Regelmäßige und ausreichende Bewegung in freier Luft, zweckmäßige Verwertung der Sonn= und Feiertage und ähnliche Maßregeln sind durch persönliche Einwirkung auf den Pflegling herbeizuführen.

Über ungeeignet befundene Lehrverhältnisse ist ungesäumt dem Bezirks= oder dem Arbeitsausschuß Anzeige zu machen; ihre Lösung ist gemeinschaftlich mit den amtlichen Organen auf friedlichem Wege herbeizuführen.

Alle Bemühungen der Pfleger werden dann Erfolg haben können und Liebe und Vertrauen in den Herzen der Pfleglinge erwecken, wenn sie hervorgehen aus selbstloser Menschenliebe, die bestrebt ist, den hilflos und verlassen in der Großstadt dastehenden Jugendlichen, die des starken Schutzes des Vaters und oft auch der Liebe der Mutter entbehren, einen möglichst vollständigen Ersatz ihres Verlustes zu bieten.

In regelmäßiger Wiederkehr, thunlichst spätestens nach je zwei Monaten, hat jeder Bezirksausschuß eine Sitzung abzuhalten, in welcher die an den

Pfleglingen gemachten Erfahrungen ausgetauscht werden, sowie über das ferner Wohl derselben, die Ermittelung der Lehrstellen, die Notwendigkeit und Höhe von Unterstützungen durch den Erziehungsbeirat und die Beziehungen zu den Behörden beraten wird.

Anträge auf Gewährung von Geldmitteln sind durch den Vorsitzenden des Bezirksausschusses unter Vorlegung der letzten Censur und einer gründlichen Charakteristik des Pfleglings rechtzeitig beim Arbeitsausschuß zu stellen, und zwar mit der gleichzeitigen Erklärung, daß von anderer Seite eine ausreichende Versorgung des Pfleglings nicht zu erlangen ist.

Halbjährlich werden durch den Vorsitzenden des Bezirksausschusses unter Benutzung eines Formulars Berichte an den Vorstand übermittelt.

Portoauslagen werden am Schlusse des Jahres auf Antrag erstattet.

Anregungen von allgemeinem Interesse, von den einzelnen Mitgliedern direkt an den Arbeitsausschuß gerichtet, werden jederzeit willkommen sein.

So oft es dem Arbeitsausschuß nötig erscheint, wird er bald die Vorsitzenden der Bezirksausschüsse, bald sämtliche Pfleger und Pflegerinnen zu gemeinsamen Beratungen und zum Austausch ihrer Erfahrungen zusammenberufen.

Die für die Geschäftsführung der Bezirksausschüsse erforderlichen Drucksachen werden den Vorsitzenden in der nötigen Anzahl zugestellt.

Bei der Schwierigkeit und dem großen Umfange der den Pflegern und Pflegerinnen gestellten Aufgaben wird es von deren und der Bezirksausschüsse Takt und Umsicht abhängen, wie im einzelnen die vorstehende Pflegerordnung in die Wirklichkeit zu übertragen und nach Bedürfnis abzuändern ist. Das vielgestaltige Leben läßt sich nicht in Paragraphen zwängen, und darum wird alles auf den Geist ankommen, welcher die zur Ausführung vorstehender Pflegerordnung sich erbietenden Personen erfüllt.

III. Kleine Pflegerordnung.

§ 1. Die Pfleger und Pflegerinnen des freiwilligen Erziehungsbeirates für schulentlassene Waisen stellen sich als Hilfskräfte in den Dienst der öffentlichen Waisenpflege und haben ihre Thätigkeit im Anschlusse an diejenige der Gemeindewaisenräte und in Zusammenarbeit mit den ähnliche Bestrebungen verfolgenden Vereinen, sowie mit den Familien der Waisen und den Vormündern zu entwickeln. Wird den Waisen bereits von anderer Seite eine ausreichende Fürsorge zu Teil, so haben sie sich jedes Eingreifens zu enthalten.

§ 2. Jeder Pfleger ist zur Festsetzung der Zahl der Waisen, welche er übernehmen will, berechtigt; mehr als vier werden ihm in der Regel nicht zugewiesen. Ein Wechsel in der Person des Pflegers über den nämlichen Pflegling soll thunlichst unterbleiben.

§ 3. Die Pfleger und Pflegerinnen eines Gemeindewaisenratsbezirkes treten zu einem Bezirksausschusse unter einem selbstgewählten Vorsitzenden zusammen und halten mindestens alle zwei Monate eine Sitzung ab. Sie sind berechtigt, andere Pfleger und Pflegerinnen hinzuzuwählen; doch bedarf die Wahl der Bestätigung des Arbeitsausschusses.

§ 4. Die Pfleger und Pflegerinnen haben bei der Berufswahl der Waisen mitzuwirken. Zu diesem Behufe finden alljährlich im April und Oktober Berufswahlkonferenzen statt, um deren Anberaumung der Gemeindewaisenrat zu ersuchen ist; es empfiehlt sich, zu denselben die beteiligten Schulleiter und Lehrer, Familienmitglieder und Vormünder einzuladen.

§ 5. Die Berufswahl ist so zu leiten, daß dabei die Vermögenslage des Kindes, dessen besondere Neigungen und Anlagen, sein sittlicher, geistiger und körperlicher Zustand und die sonst in Betracht kommenden allgemeinen und persönlichen Verhältnisse Berücksichtigung finden. In allen irgendwie zweifelhaften Fällen ist die Ansicht eines vom Arbeitsausschusse zu benennenden Arztes darüber einzuholen, ob der Pflegling für den in Aussicht genommenen Beruf körperlich tauglich ist.

Die Waisenkinder sollen durch Ausbildung zu einem geeigneten Berufe in eine auskömmliche Lebensstellung gebracht werden.

§ 6. Die Pfleger und Pflegerinnen haben ferner geeignete Lehr-, Dienst- und Arbeitsstellen aller Art zu ermitteln und dem Stellennachweis des Erziehungsbeirates mitzuteilen. Dabei ist durch sachdienliche Erkundigungen festzustellen, ob die Arbeitgeber eine gute Erziehung und eine tüchtige Ausbildung der Waisen gewährleisten. Besonderer Wert ist auf die Gewährung gesunder Kost und Schlafstelle zu legen.

§ 7. Eine weitere Aufgabe der Pfleger und Pflegerinnen ist die sorgfältige Überwachung der Entwickelung der ihnen überwiesenen Jugendlichen und deren Beratung und thatkräftige Unterstützung in allen Lebenslagen; namentlich liegt ihnen auch die Anbahnung guter Beziehungen des Pfleglings zu seiner Umgebung, insbesondere dem Arbeitgeber, ob. Für thunlichst schnelle Auflösung ungeeigneter Lehr-, Dienst- und Arbeitsverhältnisse und für schleunige anderweite Unterbringung der Pfleglinge ist Sorge zu tragen.

§ 8. Auf den Besuch einer Fortbildungsschule ist nachdrücklich hinzuwirken; für Mädchen außerdem auf die Erlangung einer hauswirtschaftlichen Ausbildung. Die Unterbringung als Dienstmädchen wird für weibliche Waisen in erster Reihe empfohlen.

§ 9. Anträge auf Gewährung von Unterstützungen sind unter Benutzung der hierfür eingeführten Formulare an den Arbeitsausschuß zu richten und nur dann zu stellen, wenn von anderer Seite eine ausreichende Versorgung des Pfleglings nicht zu erlangen ist. Wird die Unterstützung zur Hebung des gesundheitlichen Zustandes, insbesondere auch zur Ermöglichung eines Landaufenthaltes, beantragt, so ist das Attest eines Vereinsarztes beizufügen.

§ 10. Auf Grund der von den Pflegern und Pflegerinnen durch Beantwortung eines Fragebogens zu machenden Mitteilungen über ihre Pfleglinge berichten die Vorsitzenden der Bezirksausschüsse alle Halbjahre kurz an den Arbeitsausschuß.

Berlin, am 21. März 1896.

Anhang.

IV. Ersuchungsschreiben an die Rektoren.

☞ Nur in die **roten Briefkasten** der Packetfahrt zu werfen! ☜

Packetfahrtkarte.

An

den Herrn Rektor der .... Gemeinde-Schule

....

Sehr geehrter Herr Rektor!

Unter Bezugnahme auf die seitens der städtischen Schuldeputation erteilte Ermächtigung beehren wir uns, Ew. Hochwohlgeboren ganz ergebenst zu ersuchen, uns auf angebogener Postkarte baldgefälligst Auskunft über die Waisen zu erteilen, welche aus Ihrer Schule nächste $\frac{\text{Ostern}}{\text{Michaelis}}$ abgehen.

In vorzüglichster Hochachtung

Der freiwillige Erziehungsbeirat für schulentlassene Waisen.

Anhang.

☛ **Nur** in die **roten Briefkasten** der Packetfahrt zu werfen. ☚

Packetfahrtkarte.
Antwort.

An

den freiwilligen Erziehungsbeirat für schul=
entlassene Waisen

Berlin S.W.
Heimstr. 21 I.

Aus der .... ten Gemeindeschule kommen nächste $\frac{\text{Ostern}}{\text{Michaelis}}$ folgende Kinder zur Entlassung, welche eltern= oder vaterlos, von ihrem Vater dauernd verlassen oder außer der Ehe geboren sind:

Name	Klasse und letzte Censur= nummer	Wohnung	Name u. Wohnung des Vormundes	Vaterlos? Elternlos? Vom Vater verlassen? Unehelich?	Will welchen Beruf ergreifen?	Soll das Kind beim Lehrherrn wohnen?

Unterschrift: Rektor ....

Anhang. 33

V. **Liste der Vorsitzenden der Bezirksausschüsse für die Berufswahl.**

Bezirksausschuß Nr. ....

Ergebnis der Berufswahlkonferenz am .... 189 ....

Name des Kindes	Tag und Jahr der Geburt	Schule	Klasse	Letzte Zensur-Nr.	Körperlicher Zustand	Mutter			Vormund			Lehrherr		Der gewählte Beruf	Lehrzeit oder sonstige Bedingung	Pfleger		
						Name	Stand (jetzt und früher)	Wohnung (auch des Kindes)	Name	Stand	Wohnung	Name	Wohnung			Name	Stand	Wohnung

Bemerkungen:

An den freiwilligen Erziehungsbeirat
(ausgefüllt) zurück.

Der Vorsitzende:

Schriften d. D. Ver. f. Wohlthätigkeit. XXXIII.   3

VI. Liste der Pfleger für die Berufswahl.

Bezirksausschuß Nr. ....

Herrn:

Frau: .... Berlin, den .... 189......

Frl.:

Wohnung: ....

Vom Bezirksvorsitzenden auszufüllen.

Euer Hochwohlgeboren

werden hierdurch ersucht, die Pflegschaft über (Name) ...., (Wohnung) .... wohnhaft, übernehmen und nachstehende Fragen für die etwa nach .... Wochen stattfindende Berufswahlkonferenz, zu welcher Sie rechtzeitig eine Einladung erhalten werden, beantworten zu wollen.

Bezirksausschuß Nr. ....
Der Vorsitzende.

Name u. Wohnung ....

Fragebogen:
(Von dem Pfleger bezw. der Pflegerin möglichst ausführlich zu beantworten.)

	Name	Beruf	Wohnung	Jahr und Tag der Geburt	Schule	Klasse	Wie lange in dieser Klasse	Letzte Censur-Nr.	Bemerkungen
1. Pflegling									
2. Mutter		(Jetzt und früher)							
3. Vater									
4. Vormund									
5. Lehrherr									
6. Pfleger									

7. Urteil des Arztes über den Gesundheitszustand (ist erbliche Belastung nachweisbar?):

8. Stehen Neigungen und Fähigkeiten im Einklang?

9. Urteil über die Vermögenslage:

Anhang.

(Rückseite der Liste VI.)
Zur gefl. genauen Beachtung!

1. Jeder Bezirksausschuß setzt sich zweckmäßig zusammen aus: Vertretern der in seinem Bezirke gelegenen Schulen nebst Schulkommissionen und des mit der Nummer des Bezirksausschusses übereinstimmenden Waisenrates, sowie Herren und Damen aller Berufsstände. Er vervollständigt sich durch Zuwahl, welche der Bestätigung des Arbeitsausschusses bedarf.

2. Der Arbeitsausschuß überweist dem Bezirksausschusse alle Waisen des Bezirkes. Der Vorsitzende des Bezirksausschusses verteilt sofort nach Eingang der Liste die Waisen unter die Pfleger und läßt durch letztere feststellen, welche Waisen in so günstigen Verhältnissen leben, daß sie einer Fürsorge des Vereins nicht bedürfen. Betreffs der übrigen Waisen findet eine Berufswahlkonferenz statt.

3. Vor Anberaumung der Konferenz haben die Pfleger und Pflegerinnen über jedes Kind genaue Erkundigungen und zwar zunächst bei den Rektoren, bezw. Klassenordinarien, sodann bei den Vormündern, Müttern oder sonstigen Angehörigen persönlich einzuziehen. **Möglichst in allen, jedenfalls in den irgendwie zweifelhaften Fällen ist einer der Vereinsärzte um unentgeltliche Untersuchung, erforderlichenfalls Behandlung, des Kindes zu ersuchen.** Ein Verzeichnis der Vereinsärzte erhält jeder Pfleger und jede Pflegerin.

4. Die zu 3 genannten Personen mit Ausnahme der Vereinsärzte sind zur Konferenz einzuladen. Der Vorsitzende des Gemeindewaisenrates ist um den Vorsitz in der Konferenz zu ersuchen; lehnt dieser ab, so leitet der Vorsitzende des Bezirksausschusses die Berufswahlkonferenz.

5. Mit dem Vormunde ist sofort ein Einvernehmen wegen der Unterbringung des Kindes herbeizuführen. Den Kontrakt hat stets der Vormund zu unterschreiben. Es ist auf Abfassung eines schriftlichen Vertrages hinzuwirken, dessen Bedingungen nicht ungünstiger sein dürfen, als sie in den Innungsverträgen festgesetzt sind. Letztere übersendet jede Innung gern, event. der Arbeitsausschuß. Für Mädchen empfiehlt sich die Unterbringung im Gesindedienste in erster Reihe.

6. Nach Abhaltung der Konferenz ist das ausgefüllte Formular an den Lehrstellennachweis zurückzusenden.

7. Die Pfleger und Pflegerinnen haben dann sofort geeignete Stellen nach Maßgabe der Pflegerordnung für die ihnen überwiesenen Waisen zu ermitteln. Stellen, die nicht besetzt werden können, sind schleunigst dem **Lehrstellennachweise** zu Händen seines Vorstehers, des **ersten stellvertretenden Vorsitzenden, Herrn Lehrers Pagel, Heimstr. 21 I,** mitzuteilen. Finden sich passende Lehrstellen nicht oder nicht in ausreichender Zahl, so ist ebendorthin die Bitte um Stellennachweis zu richten.

8. Es empfiehlt sich, die Waisen dem Lehrherrn, bezw. der Dienstherrschaft, **persönlich** vorzustellen.

9. Bemerkungen über den Charakter und die Vermögensverhältnisse der Kinder werden auf besonderem Blatte erbeten. Bei den beschränkten Mitteln des Vereins ersuchen wir die Bezirksausschüsse bringend, die erforderlichen baren Zuschüsse vorläufig möglichst im eigenen Bekanntenkreise und unter den Bezirksinsassen aufzubringen und nur in Ausnahmefällen Unterstützungen beim Arbeitsausschusse zu beantragen. Letztere sind bis zum 15. Januar, bezw. 15. Juni an den Lehrstellennachweis zu richten und mit der Bescheinigung zu versehen, daß von anderer Seite eine ausreichende Versorgung des Pfleglings nicht zu erlangen ist.

10. Es ist bringend zu wünschen, daß außer der Berufswahlkonferenz mindestens zweimonatlich eine Sitzung jedes Bezirksausschusses stattfindet. Der Vorstand entsendet auf rechtzeitig vorher ausgesprochenen Wunsch eins seiner Mitglieder zu den Verhandlungen, wenn besondere Angelegenheiten dies empfehlenswert erscheinen lassen.

11. Von jedem Mitgliede wird erwartet, daß es sich auch die Gewinnung neuer zahlender Vereinsmitglieder angelegen sein läßt.

12. Eine bedeutsame Aufgabe des Bezirksvorsitzenden besteht darin, sorgsam darauf zu achten, daß auch wirklich eine dauernde Beaufsichtigung der Pfleglinge stattfinde.

13. Segensreich kann nur gewirkt werden, wenn die Pfleger und Pflegerinnen sich persönlich um das Wohl ihrer Pfleglinge kümmern. Namentlich dürfen die vor der Berufswahl anzustellenden Ermittelungen niemals anders als durch Aufsuchen der in Betracht kommenden Personen angestellt werden. Es ist durchaus erforderlich, daß besonders der Pflegling und der Vormund auch in seinem eigenen Heim besucht wird. Nur durch persönliche Mühewaltungen der Pfleger und Pflegerinnen kann der Verein seine Ziele erreichen.

14. Über jeden Pflegling ist halbjährlich einmal an den Vorsitzenden des Bezirksausschusses zu berichten, der seinerseits dem Arbeitsausschusse Bericht erstattet.

Der Vorstand des freiwilligen Erziehungsbeirates für schulentlassene Waisen.

Anhang.

Bemerkungen.

An

den freiwilligen Erziehungsbeirat

(ausgefüllt) zurück.

Unterschrift des Pflegers bez. der Pflegerin:

Name: ....

Stand: ....

Eingetr. J.-Nr. ....

am ....ten .... 189....

} Vermerk der Centrale

Wohnung: ....

Pierer'sche Hofbuchdruckerei Stephan Geibel & Co. in Altenburg.

Printed by Libri Plureos GmbH
in Hamburg, Germany